花園大学人権論集 27

花園大学人権教育研究センター 編

「私」から始める支援の実践

公共福祉の隙間を埋める

Human Rights Thesisses in Hanazono University

批評社

はしがき

本書は、花園大学人権教育センターの出版物の中で市販されているシリーズ『花園大学人権論集』の第二七巻です。本書では、二〇一八年一二月に開催された第三二回花園大学人権週間における講演三本と、二〇一九年度の公開研究会での講演四本を収めており、センターのほぼ一年間にわたる人権についての取り組みを大学内外に発信するものです。

本書掲載の、二〇一八年の人権週間でご講演いただいた方々の講演三本は、現代日本の人権状況を考える上で示唆に富む有益な論稿となっています。

まず、「命の参観日」をお話しいただいた玉城ちはるさん（シンガーソングライター・ホストマザー）は、広島県のご出身。大学進学時に父が自殺で他界され、進学を断念されます。このことがその後の人生に大きな影響をもたらすことになります。一九歳で上京、音楽や芸能活動を始め、二四歳の時偶然の出会いから中国人留学生の面倒をみることになり、その後「自身に出来る社会貢献」としてアジア地域の留学生支援活動「ホストマザー」を一〇年間継続、三六名の留学生を送り出され、その模様がＮＴＶ系「二四時間テレビ」やＮＨＫなどで取り上げられ、大きな反響を呼びました。玉城さんのお話は、ともかく明るく、元気です。いろんなご苦労もあったと思いますが、そんなことは微塵も感じさせないものでした。玉城さんには、その活動を通じて、「人間賛歌」と「多様性」の尊重がいかなることなのか、わかりやすくお伝えいただきました。日韓関係がぎすぎすし、国内外で民族の多様性の尊重という基本的人権が揺らいでいる中で、私たちにどのような実践が求められているかを実践的、体感的に理解させていただきました。

また、「松高版『こども食堂』の取り組み」では、大阪府立松原高等学校のみなさん（木村悠先生と生徒たち）に、「産業社会と人間」の授業で貧困をテーマにした取組みを報告いただきました。生徒さんたちは、街頭でのアンケートやケースワーカーへの調査を行うなかで、発表グループの中の生活保護利用家庭の生徒さんが、様々な葛藤を経て、取り組みのプレゼンテーションで、生活保護を利用していることをカミングアウトするに至ります。私たちもプレゼンを撮った動画を見ましたが、本当に感動的なものでした。そして、発表だけで終わらせたくないと考えた生徒さんたちは、「一ミリでもいいので自分たちのできることをやりたい。社会が変わるきっかけにするために」、高校の中で「松高キッチン」という居場所づくりを始め、地域でも、NPOと協力して「みんなの食卓」という子ども食堂を始めるのでした。子どもの貧困が問題視される中で、当事者である子どもが貧困をどう受け止め、どうやって乗り越えようとしているか、社会を変える主体を作るという教育や福祉の在り方を考えさせる講演でした。

さらに、松原洋子さん（立命館大学）からは「優生保護法の歴史と現在」と題して講演をいただきました。旧優生保護法（一九四八〜九六年）にもとづいて、同意のないまま優生手術（強制不妊手術）を受けた人が全国で一六四七五人に上ること、知的障害者や精神障害者への強制不妊手術を認めた宮城県では、手術を受けた記録が残る男女八五九人のうち（六三〜八一年度）、未成年者が半数超の五二％を占めていたこと、最年少は女児が九歳、男児が一〇歳であったことなどが明らかになるなかで、国に対して損害賠償を求める裁判が起こされる下での、この問題についての学びを与えていただきました。

このように、二〇一八年一二月の人権週間では、人間の素晴らしさと多様性の尊重、また貧困の中で社会を変える実践に取り組む子どもの成長、そして、優生思想の問題と国家的な犯罪ともいえる政府の対応など、いずれもかけがえのない人間の生を考えさせる貴重な講演だったと思います。

さて、今の日本の人権状況はどうでしょうか。この点では、人権教育センターとしても二〇一九年夏に訪問した沖縄の辺野古の新基地建設をめぐる事態を抜きには日本の人権は語れないと思います。

昨年の本論集第二六巻のはしがきにも書いたとおり、二〇一八年九月の沖縄県知事選で辺野古への基地建設に反対する玉城デニー知事が圧勝した直後であるにもかかわらず、同年一二月一四日に国は辺野古での海への土砂投入を強行し、それから一年経ちました。ところが、県の試算では土砂投入の進捗率はわずか一%にしかすぎません。その上、二〇一九年一二月二三日、国は、軟弱地盤のため基地の完成はさらに一三年後、最短で二〇三〇年代以降となること、また、費用も当初見込みの三五〇〇億円が二・六倍の九三〇〇億円になる見込みを公表しました。このため、工事には設計変更が必要となりますが、玉城デニー知事は認めないことを表明しており、工期がさらに伸びることは確実です。

そもそも普天間基地の返還を日米両政府が合意したのは今から二四年も前の一九九六年です。本来、世界一危険な基地といわれる普天間飛行場の返還と辺野古への新基地建設は別の話のはずです。これを無理にリンクさせた上に、新基地建設がさらに延伸されるとなれば、「自分が生きている間は、普天間の危険はどうにもならない。もう誰も信じられない」（普天間飛行場の近くに住む山城賢栄さん。朝日新聞、二〇一九年一二月二六日付）という落胆の声は、普天間基地の返還を願う沖縄県民の共通の気持ちでしょう。

もはや、辺野古への新基地建設は、無理に無理を重ねたもので、完成のめどがまったく不透明となっており、明らかに破たんしていると言っていいでしょう。民主主義を踏みにじった、こうした計画に、巨額の国費を投入し、環境破壊を進める現政権のやり方は民主国家にあるまじき行為といっても過言ではありません。今からでも遅くありません。辺野古新基地建設を即刻中止し、普天間基地の即時返還を米側に求めるべきです。

「桜を見る会」での杜撰な税金の支出や公私混同など、現政権の堕落は目を覆うばかりです。しかし、現政権は、憲法九条の改正に執念を燃やしており、人権をめぐっては予断を許さない情勢は続くと思われますが、当センターとしましては、着実に人権擁護の取組みを進めてまいる所存です。

本書の出版に当たっても、批評社には格別の労をとっていただきました。出版事情の厳しい折に、本書出版の意義をご理解下さった編集スタッフをはじめとする関係者に対して、厚くお礼を申し上げます。また、本書出版の意義を認めて格別の助成をくださった花園大学執行部にも、深甚の謝意を表します。

二〇二〇年三月

花園大学人権教育センター所長（社会福祉学部教授）　吉永 純

「私」から始める支援の実践

――公共福祉の隙間を埋める

花園大学人権論集㉗

もくじ

命の参観日

玉城ちはる

●はじめに

ご紹介いただきました玉城ちはるです。よろしくお願いします。NHKの『すっぴん』という全国放送のラジオ番組があって、それを聴いてくださった中先生から「花園大学に来てくださいませんか」と連絡をいただいて、今日、この場でお話をさせてもらっています。全く知らないという方が多いと思いますので自己紹介をさせていただきます。

私は、ANZEN漫才さん、萩本欽一さん、関根勤さん、そういった方がいます「浅井企画」という芸能事務所に所属しています。日テレの『スッキリ!』という番組にコメンテーターとして出させていただいたこともありますが、本業は歌手になります。「テイチクレコード」という「石原裕次郎さん」がいらっしゃったところから、三四歳の時にデビューしています。本業は歌手ですから、せっかくなので今日は歌も交えながらお話をさせていただこうと思います。

どうして私が「命の参観日」というタイトルで人権講演をしているのでしょうか？

それは、私にはもう、孫が五人います。「え？」でしょ。目が覚めるでしょ？　ありがとうございます。孫が五人。このことについては一曲歌った後にお話ししていきたいと思います。最初に聴いていただくのはＮＨＫのラジオ番組『ココロウタ』の主題歌だった『ひだまり』という曲です。お聴きください。

●「命の参観日」のはじまり

さあ、孫が五人。

どういうことかというと、私には三六人、子どもがいます。二四歳でお母さんになりました。我が家にいた子はどんな子かといいますと、基本的には一八歳以上の方が来ていました。中国人、韓国人、日本人の子で、たとえば「僕は、私は、お父さんがいない。お母さんがいない。お父さんもお母さんもいるんだけど、お父さん、お母さんがアル中で生活保護で生活していて」。そういった養護施設で育っている人。ひとり親か、あるいは両親はいても家庭に事情があるという人です。また、「僕は、私は学校に行きたい、日本語学校に行きたい、大学に行きたい、専門学校に行きたい、薬学部に行きたい。でも自分で学費を払うと生活ができない」という人です。

私は東京の世田谷区に自宅を借りていたんですが、そういった子を我が家に受け入れて、一〇年で延べ三六人と共同生活しました。皆さんと同い年ぐらいの、一八歳から一番年齢が高い人で二七歳の人までいました。長い子では七年住んだという子もいます。一八歳以上の男と女が混ざって、一番多い時は一二人、基本的には大体、八人から九人ぐらいで、一人の子が卒業すると次の子が入るという形で、延べ三六人の子と共同生活をしていました。

日大と早稲田と法政大学、広島では安田女子大学、広島女学院大学、広島県立大学というところで、非常勤講師や特別講師などさまざまな形で、「多文化共生」をテーマに九年間、学生さんに講義をさせてもらっています。そこから「小学生にもわかるようなお話をしてもらえませんか?」と、ある小学校に呼んでいただいて始めたのが「命の参観日」です。

「命の参観日」でどういう話をしているかというと、我が家では日・中・韓、この三つの違う国の子どもたちと共同生活をしました。もちろん国、歴史、価値観、すべて違います。また同じ日本人同士であっても育った境遇が違います。「アイツは変だ」「やっぱり中国人って面倒くさいな」「韓国人が言っていることは、おかしい」。そういうことを日々の生活の中で感じたりしても、自分と違う人を排除することはできません。一つ屋根の下で共に寄り添いながら生きていかなければ、共同生活をしていかなければならない。そういう一〇年間でした。

●私が思う「多文化共生」・「多様性」

今言ったような、「自分とは違う、あの子、変よ」「なんで親友なのに私のことわかってくれないんだろう」「お父さんなんだから、わかるでしょ?」「お母さんなのに、なんでわかってくれんの?」という感覚は、皆さんも日々の生活の中であるんじゃないでしょうか。

実際私は、人助けといっても、うちの息子たちに半年ぐらい無視されたこともあります。「ママにお世話になったのは日本語を習った最初の一年だけ」と言われたら腹立つじゃないですか。「もう出て行け」といったら、うちの息子が「今、僕を追い出すのは人道的にちょっと」とか、そんな日本語を、すぐ覚えるんですよね。「お前、なんでそんな日本語から覚えたんや」って喧嘩しながら一〇年暮らしました。

一八歳以上なので皆さんしっかりした意見を持っていますし、口も立ちます。私は、いつも負けます。「ママのくせにどうしてできないんだ」「どうしてママのくせにわからないんだ」って言われましたし、子どもたち同士も「どうして同じ日本人なのにわからないんだ」と言って泣きながら喧嘩しあっている男女、男同士、女同士がいるということが日々ありました。

それでも我が家は誰も「自分と違うから」といって排除して追い出すことができないんです。みんな自分の人生にいろいろな事情があって、アルバイトで稼いだお金でなんとか学費を払って卒業して、自分の人生を少しでもアップしていきたい。必死になっている子たちなので、なんとか歩み寄らなければいけません。これが小学校、中学校、高校、大学であっても、「あの子、変よね」とか「あの人とは合わないよね」ということが、日々、生活の中であって、排除される側になった時、やはり傷つくことがあるし、それが「死にたい」という気持ちに直結してしまう子も多くいるんだということが、よくわかりました。

私が皆さんと個人的に繋がれるＬＩＮＥがあって、「何か言いたいことあれば、お話を聞きますよ」と配っているＱＲコードがあるんですけども、今、二〇〇〇人の子と繋がっています。朝、目が覚めると、多い時で約二八〇通のメールがきています。一四歳ぐらいの女の子が「今日は学校に行きたくない」とか、小学校六年生の男の子が「どうやったらお母さんに愛されますか」とか、胸が痛くなるような相談もあれば、「売れない歌手、死ね」と送ってくる子もいます。

それは神戸の小学生だったんですけども、二カ月くらい「死ね、死ね」と送られてきても、「どうしたん、何かあった？　大丈夫？」と聞くと、一カ月ぐらいして「お兄ちゃんにいじめられてん」とか「お兄ちゃんが、いじめるねん」とか言ってくるようになります。「そうなん。お兄ちゃんにいじめられると辛いね」と言っているうちに、それでもまた「死ね」とか、「おい、返事しろ、くそババァ」とか言ってくるんですけども。「コンサートやったんよ。ごめんね。どうしたの？」と、毎日返事をして、二カ月くらいたつと、「小学校にいつ帰ってくるん？　会いたい」と書いてくれる子だったんですね。私に「死ね」と言う以外に人の気をひく方法を知らなかった子が、どんな思いで「会いたい」という言葉を書いてくれたんだろうって思って、涙がボロボロ出たこともあります。そんなふうに私はさまざまなところに行って、繋がっています。

「自分とは違う」とか「親友のくせにわかってくれない」とか「先生なのにどうしてわかってくれないの?」と、日々、少しずつ生き辛さを感じている子どもたちが多くいることを、常に感じています。

一つ質問してみたいと思います。「今、日本は何人に一人が外国人かわかりますか?」。人口の割合で「何人に一人が外国人でしょう?」。全国と東京で少し違うんですが。(会場から)「五、六人に一人ではないですか?」。そうなったら相当大変ですけども、二〇一六年のデータでは五一人に一人が外国人です。今、全国では五一人に一人が外国人なんです。

テレビでよくみる「多様性」とか「多文化共生」という意味で、日・中・韓、近くて遠い国といわれるこの三つの国の子どもたちと、私が一つ屋根の下にどうやって暮らしたかというのも大事になりますが、私が思っている「多文化共生」や「多様性」は少し違います。

ここでもう一つ質問ですが、我が家のような家のことを「異文化コミュニケーション」と言ったりするんですが、「異文化」と聞いて何を思い浮かべますか? (会場から)「外国の人」。外国の人。では隣のお友だち、今、あなたのお友だちと思われる方が「外国の人」と言いました。「異文化」と聞いて、外国の人は何が違うと思いますか? 何を思い浮かべますか? 「同じ人間」という答えも、もちろんあるんですが、何か違うとしたら何が違うでしょうか。(会場から)「言葉が」。言語。ありがとうございます。では二人飛ばして、そこの「俺?」と思っているあなた。今、言語と出ました。他に「異文化」と聞いて何を思い浮かべますか? (会場から)「肌の色」。肌の色。小学生くらいになると「肌の色」とか「服が違う」「あ、民族衣装とかあるよね」、なんてお話ししますが。

そう、今出たように「言語」、確かに私も中国語と韓国語を後から覚えましたから、全く日本語がしゃべれない子を預かった時、「言語」が違うとコミュニケーションをとるのが大変難しかったです。でも我が家では生い立ちが違う人たちは日本人同士でもいました。

さあ、ここで質問です。「言語」と出ましたが、言語が違うと確かにコミュニケーションをとるのが難しいんですが、同じ日本人同士だったらコミュニケーションは絶対にとれると思う方。同じ日本語を話す同士でもコミュニケーションをとるのは難しいと思う方。

確かに同じ日本語を話す同士でも難しいということが多くありました。なぜか。我が家でよくあったのは、「どうして同じ日本人なのにわからないんだ」ってことをよく言っていました。我が家では日本人対中国人、日本人対韓国人の喧嘩より、日本人同士での揉め事の方が多くありました。

二八人に一人が外国人といわれる東京、全国的にも、五一人に一人が外国人といわれています。さらに今年四月、精神疾患を持たれた方、精神障害者の方の平均雇用率も上がりました。そう、そして超高齢化です。皆さんが社会に出て、さらに時がたつ頃には、二人で四人ぐらいのおじいちゃん、おばあちゃんの面倒をみなくてはいけない。同じ職場に違う国の人、違う言語を話す人がいる。さらには、うつであったり、発達障害であったり、またアルコール中毒やギャンブル依存症という中毒患者さんも精神疾患の一つになるのですが、そういった精神疾患をもった人、さらには身体障害者の人も、いろんな人とともに闘っていかなければいけない時代になります。

もしかしたら「多様性、ダイバーシティ」という言葉だけを耳にすることがあっても、それは「なんだかおしゃれな、まるで海外との楽しい国際交流だ」と思うかもしれませんが、日本が今、抱えている多様性、多文化共生は、もっと違う意味を含んでいると私は思っています。

●人それぞれの価値観

二〇〇四年から二〇一四年まで、私は「お母さん業」として三六人と暮らしましたが、子どもたちの気持ちはさっぱりわかりませんでした。交通遺児の気持ちと自殺遺児の気持ち。両親が生きてはいるんだけども、アルコール中毒である、または生活保護で生活している。同じ日本人であっても育った環境が違うと、まるで会話ができないことが多くあることを、まざまざと感じる日々でした。

一〇年間何をしてきたかというと、朝五時に起きてお弁当をつくります。夏は一日三回くらい洗濯機を回します。男の子、女の子が一二人もいますので、ちょっと前に「ビッグダディ」ってテレビで流行ったかもしれませんが、あんな感じですね。まさに家がごった返していて汚くて、ビッグダディのようなお家で何回も、何回も洗濯機を回して、三回くらいでやっと干し終わって、歌を歌いに行ったり、お話をしに行ったり、講義をしに行ったりしてお金を稼いできて、また夜に家に帰って夕飯をつくってというのが私の日々でした。

我が家ではこんなことがありました。初めて中国人の男の子を預かった時に、学んだことのお話になります。一生懸命、私はご飯をつくるんですね。皆さんのご両親と一緒です。私も決してお金持ちではないので必死に夕飯を作るんですけども、初めて預かった中国人の男の子が、いつも夕飯を残しました。

ではここで問題です。皆さんは基本的にはお母さんに、家で毎晩のご飯やお弁当をつくってもらっている。最近は彼女につくってもらっているの？　うぅん、彼氏がつくってくれるの。いろんな方がいらっしゃると思います。誰かが、あなたのためにつくってくれたご飯を残さず食べるという方、手を挙げてください。誰かがつくってくれたご飯を、どうして食べ切るんですか。残さないんでしょうか？　(会場から)「嫌いなものがないからです」。そうですよね。おいしかったら全部食べますよね。嫌いなものがなければ全部食べるという答えをいただきましたけども、(別の人に)あなたはどうして食べ残さないのでしょうか？　(会場から)「基本的につくってくれたことに感謝するからです」。それを待っていました。ありがとうございます。

そう、私たちは子どもの頃に習います。「お母さんがつくってくれたんよ」「じいちゃんが畑で育ててくれたんよ」「ばあちゃんがつくってくれたお米よ」「お父さんがつくってくれたんよ」「食べ残したら失礼じゃけーね。残したら失礼じゃけーね。農家の人がつくってくれたんよ。食べきりんさいね」と、礼儀として「食べ残すのは失礼だ。感謝をこめてできるだけ食べ切りなさい」と教わりました。

私は一生懸命、一生懸命ご飯をつくるんですが、中国人の子が毎日、毎日食べ残すんですね。腹が立ちました。「あ、やっぱりテレビで見るとおりだ。なんて失礼な子だろう。食べ方が汚いな。

なんじゃろ。私の料理がまずいんかな。まずくても食べてくれりゃいいのに」。でも、言う勇気がなかったので、ネットとかで調べて、トウチという黒豆があるんですけども、横浜中華街まで行ってそういうのを買って、一生懸命またつくるんですけども、やっぱり息子が食べ残すんですね。「わ、最悪。なんで食べ残すんじゃろ。まずかったら、まずいと言ってくれたらいいのに。感じ悪いな。やっぱり中国人は嫌だな」と思い、一週間がたち、二週間がたち、三週間がたち、それでも「私ががんばって黙ってつくっていたら、いずれ気を遣って食べてくれるじゃろ。気を遣うはず。がまんしよう」と一生懸命、一生懸命つくって出す。でも食べ残す。

一カ月がたちました。お鍋だったんですけど、息子に出したら息子が食べ残したんです。それで私ちょっと腹が立って息子が食べ残したものをとって食べました。そしたら息子が言ったんです。「あ、ママ。どうしてボクが残したもの食べますか。汚い」って言われて私の中で何かが弾けたんですね。「日本ではね、全部食べきらんと失礼なんよ。まずいといっても気、遣って食べてや。なんでそんな失礼なん」って「汚いなんて言われたくない」って泣きながら息子を責めたんです。私が二六歳ぐらいの時だったんですけど。そしたら息子がポカンと私を見て言ったんです。「あ、ママ、中国のこと、何も知らない」って言うんですね。

どういうことかというと、中国ではたくさんお料理が出てきます。最近はメディアで中国観光客の食べ方が汚いという報道もありますが、彼らにとっては食べ切ることが失礼にあたります。「ああ、ママ、見てください。あなたのおもてなしはすばらしい。量が不十分だったということはない。あなたのおもてなしが不十分だったということはない。見てください。もう僕は食べ切れない。ママ、本当にありがとう」。そう思って彼は感謝をこめて残してくれていたんです。

小学生の子にも言っていますが、ここで皆さんに知ってほしいことは、「中国の文化を知りましょうね」というお話ではありません。できるなら食べ残さない日本の文化の方がよっぽどいいとすら思っています。私がその時、何を感じたか。私は、自分が受けた教育、自分が持っている価値観を絶対に正しいと一人で思い込み、彼を嫌いになって、そして泣きながら人を責めてしまう人間なんだなということでした。びっくりしました。「あ、私はいつのまにか、自分が絶対正しいと思って。聞けばいいのに聞く勇気もなく言葉に出すこともなく、彼を勝手に思い込みで嫌いになって、さらには泣きながら責めてしまった」。その感覚は生まれて初めての感覚でした。

毎日、毎日そういった失敗が続くんです。「ママのくせにどうしてそんなにひどいんだ」「ママなのに、どうしてできないんだ」とキツイ言葉を浴びてきたけれど、そのたびに立ち止まって「確かにそうだな。私はこういう人間なんだ」と、彼らと生活させてもらえることで合わせ鏡のように振り返ることがたくさんありました。

また、こんなことがありました。我が家では誕生日会をするんです。またはウェルカムパーティーだったり、さよならパーティーもします。新しい子がくると「あなたが来るのを待っていたの」と全力で伝えたいという思いを込めてウェルカムパーティーをします。誕生日会もするんですが、我が家は先ほどいったように貧乏です。プレゼントはありません。バイトがない子は一緒に食べられるんですが、私が一生懸命つくった夕飯をみんなで食べている時に、「もうすぐさあ、台湾のシンちゃんの誕生日がくるんだけど、誕生日、何する？」「あ、僕、最近、バーのアルバイトをしているのでカクテルつくります」「私、ケーキつくります」「あ、小島よしおの真似します」と相談して、そういう感じでモチネタをやるか、何かをつくるという形で誰かのお誕生日を祝うんですね。

その話になると息子の一人が必ず部屋に戻ってしまうんです。「何か学校で嫌なことがあったのかな？」「バイトが、しんどいんかな？」と思ったんです。次の日も、次の次の日も。シンちゃんは「私、誕生日ないですね。初めて祝ってもらいますね」と言ってくれていたんです。いよいよ来週がシンちゃんの誕生日だという時に、シンちゃんが私に「あ、ママ、私の誕生日会、開かないでください」って言ってきました。「え。なんでなん？」と聞くと「あ、彼は私の誕生日祝いたくないんですね。私の誕生日祝いたくない人がいるのに誕生会しないでください。いいです」って言われたんです。

シンちゃんことルーシーインさんは両親が離婚した後、お母さんが日本人と再婚をして現在は神戸にいらっしゃいます。妹は日本に連れてきたのですが、シンちゃんだけは台湾に残されておばあちゃんに育てられています。それでも神戸にいるお母さんの家族と一緒に暮らしてみたいと、我が家に住んで日本語学校に通って、一生懸命日本語を覚えている時でした。私に「ママはどうして私のママになりましたか？」とか「ママは本当に私を愛していますか？」と確認することが多かったのです。

そこで私が何を思ったか。「あ、このままではシンちゃんが傷ついてしまう。彼を怒らなきゃ。シンちゃんを守らなきゃ。これは正義だ」と私は思いました。シンちゃんを守ることが正義だと思って、彼の部屋に行って扉をトントントンと叩いて、「ねぇ、来週ね、シンちゃんの誕生日じゃん。シンちゃんがね、『誕生日せんでいい』と言ったんよ。私もおかしいなと思ったんだけど、なんか様子が変じゃん？　なんでそんなん？　あんたの誕生日だってお祝いするんじゃけん、そういうのはいけんよ」と言ったら、息子が勉強机をバーンと殴ってですね、「ママは、どうして誕生日は楽しいものだって決めつけるんだ。俺は自分の本当の誕生日も知らないし、誰の誕生日も祝いたくないし、俺の誕生日だって祝ってほしくない」って言われたんですね。あ、また私は「誕生日」という単語から「誰もが楽しい」ことを想像する、「誰もが喜んでくれる」と思って、自分の価値観を押し付けて、彼が怒ってしまった。更には、これは「シンちゃんを守る」という正義だと思って「どうしてそんな態度なん？」と、また自分の価値観だけで勝手に彼を怒ってしまいました。何か違う態度で彼と話せば違っていたのに、その時は「まあ、もう少し機嫌がよくなったら話そう」と濁してしまいました。

先ほど「ＬＩＮＥで子供達と繋がっている」と言いましたが、このあいだ、一四歳の女の子からこんなメールがきました。「クラスでグループＬＩＮＥがあるんですけども、『〇〇ちゃんは真面目ね』って書かれました。私はもう学校に行きたくありません」。私はびっくりしました。「真面目っていわれて何が嫌なんだろう」と思って。「え？　真面目って言われて何が嫌なの？」って聞いたら、

「真面目っていうのは、つまらないということです。みんな私のこと、嫌いなんだと思います。すごく怖くて本当はみんな私の悪口を言っているんだと思います。もう明日から学校、行きたくありません。玉城さんは、この半年私と会話していて、つまらなかったですか?」って返ってきました。『真面目』という文字だけを見て、彼女は『つまらない人間だと言われた』と判断したんだなと思って「それはお友だちが、あなたをつまらないと言ったの?」と聞いたら「そうじゃないですけど、私はお笑い芸人みたいに面白い人って思われたいんです。真面目は嫌です」って返ってきました。まるで「誕生日」と一緒ですね。その子としばらく数時間やりとりしましたが、その時もびっくりしました。

●言葉にして伝えること

やはり人それぞれに単語のもつ感覚、価値観が違うんです。皆さんも同じ。彼氏、彼女に何か言った時、ちょっと彼女が嫌そうな顔をした。彼が嫌そうな顔をした。お父さん、お母さんから何か言われて、それに傷ついた。「どうしてわからないんだろう?」って思うんだけど、本当にお父さん、お母さん、そしてあなたは彼氏、彼女を傷つけようと思ったんでしょうか? 「誕生日を祝いたい」と思った私は悪くありません。「誕生日を祝われたくない」と言った息子も悪くありません。「ご飯を残して、失礼だな」と思った私も悪くありません。「ご飯を残して、ママありがとうと思っていた」彼も悪くありません。なぜなら皆それぞれに考えがあって、皆それぞれに価値観があるからです。私も彼も、そしてあなたも、誰かに嫌な思いをさせても、そして嫌な思いをした相手も悪くありません。言葉にしなかったことに問題があるんです。

ご飯を残していた息子に、勇気を出して「私ね、料理残されると悲しいんよ。まずいんかね。どうやったら食べるかね？」と、「私は今、悲しんでいます。それを嫌だと思っています」と、一度も言葉にしていなかったんです。また誕生日を祝いたくなかった彼に対しても、「なんか様子が変だな」とみんな感じているけれど、うやむやにしようとして、「なんか、嫌なことあるん？」とか、私は言葉にしていなかったんです。言葉にしなきゃ、わからないんです。

子どもたちに、いつも聞きます。「『親友なのに、どうしてわかってくれないんだろう？』って思ったことがありますか？」と言うと、結構、手を挙げてくれるんです。ここで「旦那のくせに、なんでわからんのじゃろ」「女房のくせにわからんな」「どうして彼氏なのにわかってくれないの」「彼女なんだから、わかるだろう」「どうして友達なのにわかってくれないんだろう」そんなことを経験したことがあったら、よかったら手を挙げてみてください。そう、そんな感覚はやっぱりあると思うんです。でもそれは、どっちも悪くない。ただ言葉にしてないんです。今、皆さんが手を挙げてくれたように、あなたのことは誰もわからないんです。でもあなたのことを「わかりたい」と思っている人は傍にいます。旦那であったり、奥さんであったり、彼氏だったり、彼女だったり、友だちであったり、毎日あなたを傷つけようとして存在しているわけではありません。

「申し訳ないけど、私は発達障害の子の気持ちは、やはりわからないし、交通遺児の子の気持ちはわからない。親がアル中の子も私にはさっぱりわからないです。私はあなたのことが何もわからない。でもね、知りたいと思っている。じゃけ、教えてくれん？」。そういって私は彼らとなんとか共同生活をしてきました。彼らにも、また同じようにしてもらいます。何が嫌なのか、何がいいのか。「あたし、これ、すごいうれしいんよ。ありがとうね。ほんまにありがとう」。うれしいと思ったら「うれしい」といって「ありがとう」っていいって抱きしめあって、なんとか暮らしました。

ここでもう一曲歌いたいと思います。我が家の子どもたちと暮らす中でつくった曲です。我が家では毎日喧嘩がありましたが、喧嘩をした後、私と娘、息子たち、娘、息子同士がどうやって仲直りしたかを、歌の後にお話ししたいと思います。それでは聴いてください。『ヒトリゴト』。

●やさしさ貯金ゲーム

ありがとうございます。我が家では、たくさん喧嘩がありました。そのたびに「やさしさ貯金ゲーム」というゲームをして仲直りをしました。このゲームを手伝っていただきたいんですが、皆さんで、今日この部屋にいる先生を二人選んでくれませんか。中先生、吉永先生、ステージに上ってきていただけますか。我が家では「やさしさ貯金ゲーム」というゲームをして仲直りをしました。想像してください。皆さんと同い年です。一八歳から二七歳までの男女が、喧嘩をするたびに、私に強制的に、このゲームで仲直りさせられていたというのを考えてほしいんですが。すみません、中先生。はい、セクハラです（笑）。このように必ず手を繋いで仲直りするんです。

私も今、やっと旦那ができたんです。私、がさつなんで引き出しが閉められないんですよね。旦那に「君はね、引き出しを少し開けた。そういう宗教？　そういう神さまを信じている？　いや、宗教の違いは責めたくないいんだ」と毎日怒られているんですけど、旦那とあまり喧嘩したくないんで、「そうなんです、クローゼットとか引き出しを少し開ける神を信仰しています」と言って、なんとか旦那とやり過ごしているんですけども。お互いに悪いところを言い合うわけですよね、男と女が。

我が家ではこんな喧嘩がありました。「おい、キム。お前、お風呂出た後、バスの中、びちゃびちゃよ。お前、どうしてこんなに汚いよ」ってシンちゃんが言うんですね。そうするとキムくんがいいます。「ああ、シンちゃん、あなた本当に日本語が汚い。どうして中国人はそんな汚い日本語ですか。もっと丁寧に話して」とお互いの悪いところを言い続けるんですね。そうやって喧嘩している時、どうするか。こうやって手を握らせます。そして直してほしいところと、いいところを言います。たとえば「おい、キム。お前、バスの後、びちゃびちゃだよ。でもゴミ当番忘れた時、代わりにやってくれたよね」とキム君に言います。今度はキム君から「シンちゃん、日本語が本当に汚い。でもケンタッキー行ったら僕たちのチキンも買ってきてくれるよね」と。うち貧乏なのでね。必ず相手のいいところを言ってもらう。そして目を見つめ合って「ありがとう、ごめんなさい、大好き」と言います。

これを中先生と吉永先生で、教授室で殴り合いにならない程度に、中先生の「直してほしいところ、いいところ」、吉永先生の「直してほしいところ、いいところ」を言ってもらいます。吉永先生から中先生の「直してほしいところ」をお願いします。中先生の「直してほしいところ」は何でしょうか？「髪の毛、もうちょっとスッキリしてほしい」。中先生の「いいところ」は何でしょうか？「気持ちが熱い」。すばらしい。まだ離さんで。では今度、中先生から吉永先生に「直してほしいところ」を。「今日は、まだまともな服着ているけど、もっとちゃんとした服を着てください」。お互い見た目が汚いんじゃん。どっちもどっちやね。じゃ、吉永先生の「いいところ」は何でしょうか？「弱い人に優しい」。じゃ、私に一杯おごってください。お酒に弱いの。

それではみんな手を繋いでください。「ありがとう、ごめんなさい、大好き」だけを、皆さんも一緒にやります。はい、近くのお友だちと、はい、お父さん、早く見知らぬ人と。ちょっと「この人一人だな」と思ったら、そちらに行ってあげて。早くみんな繋いで。早く。あと四時間しゃべるよ。前に来て。はい、みんな手繋いだ？ 見つめ合って「ありがとう、ごめんなさい、大好き」を。これ体感しないとわからないからね。見つめ合った？ せーの「ありがとう、ごめんなさい、大好き」。二人に拍手。お席にお戻りください。ありがとうございます。

いいでしょ。ね、お父さん、ステキな笑顔。人は手を繋いでいる距離感で「馬鹿」とか「死ね」とか、キツイ言葉は使えません。またどんなに怒っていても「もう嫌よ、ママ。またそのゲームするん？」って言っていても、手を繋いだら大体のことは収まります。小学校、中学校、高校に講演に行くと、必ず先に校長先生に「うちの学校は静かなんで」とか「今は思春期なんで、反応が悪いと思います」と言われるんですが、今とまったく同じです。反応が悪かったことがありません。今みたいに、もうみんな笑ってしまいます。

そして、人は「あんた、靴揃ってないよ」「あんた、今日も宿題してない。また寝坊した、早く宿題しなさい」と悪いことばかり言われたり、「○○ちゃんって本当に時間を守らないわよね」と責められたりすると、彼は、彼女は、旦那や女房は、「もしかして私のこと嫌いなんじゃないか」「私を否定している」。そう感じるんです。でもいいところも必ず言ってもらうと、彼は、彼女は「否定をしたんではない。改善点を教えてくれたんだ」という感覚になるんです。さらには目を見て「ありがとう、ごめんなさい、大好き」と言う。「そうか、じゃ、あの人は私がゴミ捨てしていたのをちゃんと見とってくれたんや。バスマットくらい、もうちょっときれいに使おう」「あ、彼は、彼女は、ケンタッキーをあたりまえと思っていなかったんだ。ありがたいと思ってくれとったんだ。それでは日本語を、もう少し丁寧にしゃべろう」というように「否定をしたんではない、改善点を教えてくれたんだ」という感覚になります。

さらに、「ごめんなさいって謝るんだったら今なんだけどな」「私だけが悪いわけじゃないし、先に謝って私だけが悪いことになったらどうしよう」「相手が謝ってくれんかったらどうしよう」「本当に相手も悪かったと思うかな?」。いろんな計算をして「ごめんなさいを言うなら今だったのに」という「ごめんなさい」を逃して、こじれてしまうことがある。皆さん、経験ないですか? でもゲームにすると簡単にできたりするんです。ゲームにして「ごめんなさい」と言えると、これ音楽と一緒なんですけども、自分の声を耳で聞くと全然、違って伝わるんです。そして「僕は、私は、ちゃんと『ごめんなさい』と謝れる人間なんだ」と思うと、優しさや勇気の貯金ができます。本当に、そうなんです。謝るべきタイミングで、きちんと謝れた。早期に相手とのコミュニケーションが改善できる。それをもしゲームによってできるんだったら、その方が全然、いいと思います。

しかも「大好き」って目を見て言ってくれるんです。「じゃ、この人の言ったことは決して私を否定したんじゃないんだな」って。たとえ、あの子が私にこのゲームだからといって、嘘で「大好き」と言ったとしても、目を見て、娘、息子たちが私に言ってくれたら、「ほんま腹立つけどー、夕飯つくるか」っていう気持ちになったんです。たとえば部活や、家や、学校や教室の様子が変だなとか、彼氏、彼女がちょっと変だなとか、「私、今、謝らんといけんけど、謝りたくないな」とか、「でもあの人もタイミング失っているんだろうな」と思ったら「『やさしさ貯金ゲーム』というのがあるんだけど、しない?」と言ってみてください。本当に効きます。

講演が終わるといつも感想文をいただくんですけど、先日も他の学校から、中学生の女の子が「家に帰ってお父さんと『やさしさ貯金ゲーム』をやって、『ありがとう、ごめんなさい、大好き』を言ったら、お父さんが泣いてしまいました」という感想文が来ました。中学校に入った娘に、突然、手を繋いでもらって「ありがとう、ごめんなさい、大好き」と言われてうれしかったんだろうなと思って、その感想文を見て泣けました。このように、ゲームという形にして我が家では仲直りしました。

最初に言ったように価値観が違います。「これが正しい」「ここが正しいでしょ」と言われて「そうか、あなたが正しいんですね。全降伏です」という感覚には、人はなかなかなれません。愛があったり、お互いが歩み寄っている時に初めて人の言葉を改善点として聞けることが多くあります。正しさを大きな声で言えば、正しさだけを言えば、相手が気持ちよくそれに従うかというと全くそうではありません。言いくるめたところで、その人とは一緒に暮らせなくなります。

自分がいる場所を居心地のいい場所にするには、相手にとっても居心地のいい場所にしなければなりません。たとえ自分と意見が違う、これに関して私の方が絶対間違っていないと思っても、相手を追いつめることは、何かの形で、結果として自分の居場所を失くすことになります。「ママだってこの前、掃除当番守ってなかったよね」「ママ、今日もお酒飲んでいたよね」「ママ、いつも一人でお酒だよね。ほんと可哀そう」とかね。もう全然、違うところで、めっちゃ、傷つけられたりします。大体が、いいんです。「ほんまよね。ママもいい加減よね。あんたもいい加減じゃけど。ここだけは守ろうね。ママもここまでは守るけん」という形で歩み寄ることが、結果、私にとってはステキな「多文化共生」を、なんとか乗り越えた一〇年になりました。ぜひゲームをやりながらお互いに声を出して感謝、そして謝罪、愛情、やってみてください。

きちんと「ごめんなさい」と言うことで人生を豊かにすることができますので、「今のタイミングで謝りたい」と思ったらゲームを活用してみてください。

●ほほえみ続けること

私は「浅井企画」というお笑い芸人事務所所属なので、「ああ、玉城さんはお笑い芸人のような人だし、なんかふざけている人だし、一応、芸能人だからお金があって、三六人のお母さんができたんだな」と思う方も多くいらっしゃいます。実際、東京の彼らと暮らしていた独身の頃、自分で歌ったお金、自分で講演したお金でうちの子たちを一〇年育てているんですけども、家賃は毎月二八万でした。電気、ガス、光熱費も全部で毎月八万ぐらいになるんで、なんだかんだいって三〇万から三五万を毎月必死になって稼いでました。すごいじゃろ。二〇一四年で私はお母さん業を止めています。なんでかというと、個人の通帳の残高が七万ってなったから。こわい、こわい。うちの子どもたちに「ごめんなさい。ママにもう一度人生をやりなおさせてください」と頭を下げて、一回、解散しました。

私は今、自分で学園をつくりたい。そして、グループホームをつくりたいんです。どうしてつくりたいか。実は私自身も父を自殺という形で失くして、学校には行けませんでした。私は自殺遺児です。父には生きざまと死にざまを見せていただいて、その後、偶然でしたが、誰かのお母さんになれたことによって大きく変わりました。

自殺遺児です。だから決して私も余裕があったわけではありません。必死で働きました。「すみません、うちの子のお米がいります。CD買うて」って必死に全国いろんなところに行ってCDを売ってお話をさせてもらって、やれる仕事は何でもしました。映画音楽やCM音楽をしたり、なんでもお金になることは必死になって毎月三五万円のお金を払い続けて、うちの子のお母さんになりました。どうして私がそれを続けられたか。「いいことしよう。社会貢献活動しよう。私は立派な人」とかいうのではありません。今、振り返りますと、単純に私は寂しかったんだと思います。「私自身が手を差し伸べてほしかったんだ」と家をやめて痛感しております。

一六歳でうちのお父さんは鬱になってしまって、そこからもう四回くらい血だらけになって自殺未遂をやる父を見て、何度も見つけては助けて、救急車に乗ってというのが一〇代の後半、私の高校時代で、ベッドで寝たことがないです。いつお父さんが自傷行為をするかわからないので、父の部屋の前で毛布にくるまって寝るというのが高校時代でした。今、私が非常勤講師をしている広島の安田女子大学という大学があるんですが、必死にアルバイトしてそこの入学金を貯めて、なんとか入ったのに、入って二週間でお父さんが自殺してしまったんです。妹はまだ高校生で私学に行っていたので、妹の学費を払わなければいけないことになって、私は大学を辞めました。

ずっと、思っていました。「なんで近所の人は助けてくれないの。なんで私の人生だけこんななんだ」。一七歳、一八歳の多感な時期には、特にそう思いました。「世の中なんて信じれん。この世の中はよくない。今の日本はよくない」。誰かのことを悪く思って世の中を恨んだし、世の中を否定していました。

だけどうちの子のお母さんになって大きく変わりました。なぜなら同じように言うからです。「ママは、どうしてお母さんになったの？」とか。アル中のお父さんがいるうちの息子は、それでも学費を払いながら、大阪にいる中学校の弟の給食費を払おうと一生懸命にアルバイトをかけもちしていましたが、弟に送っていた給食費を、お父さんがお酒に使ってしまった。息子は部屋のドアや壁をドンドン叩いて「なんで、わしのお父ちゃんはああなんだ」と言って、「ママがお金、貸そうか」とかいって必死に暮らしていたんですけども。そんなふうに一八歳にもなった男の子が私の前で、泣きたくなかったと思うけど、同じように「どうして私の人生はこんなななんだ」と、泣きながら壁を殴っている子もいました。また、韓国人の子が在日の子に泣きながら「私には親がいないけど、あなたにはいるからいいわよね」と在日の子とけんかになったりもしました。

それでも一年たち、二年たち、三年たち、多分、彼らの中でもなんとなく感じていることがあると思うんですけど、私が感じるようになったことは、「もしこの先、もう一度、私がすごく苦しくなっても、絶対、誰かが助けてくれる」と思えるようになったんです。世の中の人が、近所の人が。私は今、ファンに助けられていますが、必ず私を助けてくれる人がいるって。だって私がやっているんだから。自分が誰も助けてない、自分から手を差し伸べていなかったから私は世の中が信じられなかったんです。

「誰が人のために金使ってまで助けるん？」。そんな馬鹿な奴おらん。まず自分の服を買わにゃいけん」。そういうことをしたら絶対人生、損をする。そう思っていました。だけど違ったんです。一生懸命、彼らのお母さんをやらせてもらって本当にありがたいな、本当に幸せだな。またしんどい思いをしたって絶対、誰かが助けてくれる。だって私がやっているんだもん。どっかに私と同じような馬鹿な奴がおる。どっかに私と同じような、気のいい奴がおる。私がやっているんだから、と思うようになりました。

自分を愛せる人は人を愛せるようになります。自分を信じられる人は他人を信じられて、世の中を信じられるようになります。自分とは違う人を排除したり、自分とは違う考えの人を自分と同じようにしようとすることは、とても無理があります。でも寄り添いながらできるだけ、どうやったら許容できるか、手を差し伸べるようになると、結局、自分の人生が豊かになります。残高七万になった後に泣きながら家を卒業して、一〇年ぶりに一人暮らしを始めて、この先、どうなるのかと思ったらメジャーデビューをさせてもらえることになったし、その後に出した『餃子女子』という本がAmazonのベストセラーで一位になりました。中先生が聴いてくれたラジオでもそうです。

やはりほほえみ続ける人は、人生にほほえみかけられるものだと私は信じています。

「誰かのために」と動くものは必ず誰かに求められる。今、私は毎週のようにお話に行きますが、全部、口コミです。誰かのためになることとは何だろうと動くことは、必ず社会で求められます。今、花園大学で皆さんは、社会福祉、社会貢献に繋がることを学ばれています。これから生きていく中で、皆さんは必ず社会に求められる人になります。でも、どう生きるかが、やはり大事になります。

私や私の子どもたちのように、どんなにがんばっても、もしかしたらある時、学費が払えなくなる、親が死んでしまう。あなたの力だけではどうにもならないことが時に人生で起こる人もいます。

あなた方が病気になる可能性だってあります。人生、何があるかわかりません。それでもほほえみ続ける人は必ず人生にほほえみかけられるものだし、まず自分から動き出せる人は必ず誰かに助けてもらえるものだと私は信じています。私自身がそうです。すごく豊かな人生です。本当に毎日幸せです。

中先生がラジオを聴いてくださらなかったら今日、皆さんには会えませんでした。こんなに私の目を見て聴いてくださる方にも会えませんでした。本当にありがたいです。どう生きるか。まだまだお若いので、どう生きるかを考えてみてください。高卒だけど、大学の先生にもなれました。すごくコンプレックスだったことも、私の生き方で、すべてが変わりました。何をどう選ぶか。皆さん「人権」という言葉から「他人を大事にしようね。他の人の命もあなたと同じ命なんよ」と言われたって全然、ピンとこんかったことだってあるかもしれませんが、それをもう一度、より身近なものとして、皆さんが今日、感じていただけたらうれしく思います。

大学ではなかなか協力してもらえることって少ないいんですが、発言も嫌がらずにしてくださって、そしてゲームもしてくださってとても幸せで安心してお話ができました。なかなか人を幸せにすることはできないと思いますので、どうぞ今日はご自身を誇りに思ってください。最後まで聴いてくださってどうもありがとうございました。玉城ちはるでした。

（第32回花園大学人権週間・二〇一八年一二月四日）

松高版「子ども食堂」の取り組み

――「産業社会と人間」の授業をきっかけに

大阪府立松原高等学校のみなさん
（先生と生徒さんたち）

●はじめに

ただいまご紹介にあずかりました松原高校から参りました木村悠と申します。今日は「松高版『子ども食堂』の取り組み～『産業社会と人間』の授業をきっかけに」ということでお話させていただきます。公的扶助の研究会の時に同じようなお話をさせてもらいまして、そこで吉永先生から「ぜひこちらでも」というお話をいただきました。こんな貴重な機会をいただきまして感謝を述べたいと思います。ありがとうございます。

大学でお話させていただくのは私も初めての体験です。私は高校の教員で五〇分授業に慣れていますが、九〇分をしゃべる機会はなく、今日は生徒の力も借りて何とか九〇分をつなごうと思っていいます。高校現場の話なのでイメージしにくいところもあると思いますが、できるだけわかりやすくお話できたらと思います。最後にフロアとの交流もできたらと思いますのでよろしくお願いします。

大学時代にこういう人権週間の講演に自分は来ていたかなと思い返すと、全く行ってないなと思うので、ここに来ておられる学生さんたちは本当にステキだと率直に思います。大体私は、授業となると後ろの方でひっそりと、聞いているのか聞いてないのかわからないような形でずっと過ごしていました。今日は自分がしゃべる立場になって、ちょっと気を引き締めてやっていこうと思っています。

●松原高校の紹介

初任で松原高校に勤務してもう一〇年経とうとしています。まず、松原高校はどんな学校かを説明させていただきます。一九七四年、地元の願いで設立されましたが、本校の生徒が通ってくる地域の中には被差別部落があります。一九七四年当時、強い差別や学力格差の中で、なかなか地元の子が地元の高校に入ることが難しかったんです。当時の中学校三年生の学生たちが声を挙げて、「地元に自分たちが通える学校を建ててほしいねん」と署名活動をして、「自分たちは行けないが、後輩たちのために学校設立を」と教育委員会に訴えて、できた学校なんです。今日も、主体的に「自分たちで「こども食堂」をつくろう」と考えた生徒たちが、この後出てくるんですけども、四五年前の中学生が声を挙げたこととつながる部分があるのではないかなと、私自身は思っています。

もともと本校は普通科の学校でした。普通科に通っていた学生さんたちも多いと思いますが、本校は一九九六年に「総合学科」に変わりました。大阪府は今、総合学科が増えているんですけども、大阪府下で最初に「総合学科」になった学校です。「総合学科」は普通科でやっている勉強もするんですが、色々な学科があります。普通は「商業科」だと商業高校に行かないとダメ。「工業科」だったら工業高校に行かないとダメという形になるんですけども、こういった授業も自分で選択できる学校になっています。

特色としては「福祉科」があったり、「看護科」があったり、いろんな先生がいます。もちろん国際系の先生もいます。いろんな選択科目があり、多様な学びができるというのが、本校の特色です。それ以外にも二〇〇六年から「知的障がい生徒自立支援コース」が設置されていて、二〇一八年度から障がいのある生徒が毎年四人（それまでは三人）、入学してきています。支援学級というものは本校にはなくて、同じクラスで一緒に学んでいるのが特徴です。

●授業「産業社会と人間」～声を挙げていく主体として

今日の話の中心になるのが「産業社会と人間」という授業です。多くの方が受けられたことがないと思うんですけども、総合学科では必ず取らなければならない必修科目になっています。どんな授業かというと、社会に出るといろんな課題がありますよね。その課題を、生徒たちがまず「知ることから」、そのために実際の当事者や専門家の方にお話を聞きにいきます。そこで学んだことを自分たちで持ち帰って、「この問題を解決するために自分たちはどんなことができるんやろう」と考えて、最後に一五分間の発表をグループでします。「自分たちはこんなことを企画、提案していきたい」と、コンペティションという形で発表します。

この年は五つのジャンル（テーマ）を立てたんです。これを生徒たちが自分で選択していきます。「ジェンダー」のことをやりたかったらジェンダーのところを選択し、障がいについて勉強したければそのジャンルを選ぶという形です。今日の話のメインは「ライツ」、「権利」のジャンルの話になりますが、ここのジャンルをとっていた生徒たちの発表を、この後、見てもらおうかなと思っています。このジャンルは毎年同じではなく、教員が夏休みぐらいに集まって、新聞をバーッと広げて、今の生徒たちに何を伝えられるんやろうなと考える。その中で、ああでもないこうでもないと言いながら、各先生方が「私、こんなことやってみたいな」と提案します。私も自分の教科の英語とは関係ないんですけども、このジャンルを立ち上げたいと提案をして、立ち上げました。

なぜこのジャンルを立ち上げたかというと、三年前ですが、アルバイトが中心になってしまう生徒が少なからずいたんです。大学生でもそうですけども、やっぱり遅刻、欠席が増えてしまいます。今、私は高校三年生の担任をしていますので、この時期に進路が決まってくると、遅刻、欠席が増えてきます。そんな生徒達を残して話をすると、アルバイトに依存してしまって、そちらが生活の中心になっているという現状がありました。

生徒の話を聞いていると「え?」というようなことが出てきたんです。高校生で一八歳未満にもかかわらず、普通に二二時以降に働かされていたり、ある生徒の話を聞いていたら普通に深夜二時とか三時まで働いて店長に送ってもらって帰るという生活をしていたり、またある子に話を聞くと、お店でお皿を割ってしまうと罰金で自分のお給料から天引きされていたとか、高校生に背負わせるにはありえないような問題が生徒たちの中から出てきました。「これはちょっと高校生といえども、あかんな」と私自身、思いました。それで先ほどの「ライツ」ジャンル、「権利」ですね。「働く権利について高校生にもきちんと学ばせないとあかんな」と思いました。

その当時、ちょうど一八歳選挙権が導入されるという話題で、学校現場でもそのことを教えなさいということで、それと併せて「自分たちが声を挙げていく主体だ」ということを生徒たちに伝えたいということも、ねらいとしてありました。そして、「ライツ」ジャンルが始まりましたら、割と生徒の反応もよかったんです。「権利」の歴史ですね、「世界人権宣言」の話とかから始めて「労働基準法」とか、その当時巷で飛びかっていた「ブラックバイト」の実態の話をして、そこで困った時、「労働組合は結構大きいけどもユニオンやったら割と入りやすいよ」とか「一人からでも入れるよ」とかいう話をします。

生徒たちもその話を聞いて、「あ、アルバイトしてても年休ってもらえるんや」とか「制服に着替えている間、時給も発生しているから実はもらえるんや」とか「自分は今まで一五分単位でタイムカードを切っていたけど、ほんまは一分間単位でもらえるんや」とか。バイトリーダーになるとミーティングがありますが、私も昔やりましたけども、その時は時給が全然、発生していなかったですよね。そういうのは高校生でも実はあって「私、土日に呼ばれて二時間くらいミーティングしたのに、給料明細みたら全然、ついてなかってん」みたいな。そんなのを店長に直談判しにいく生徒もいて、その翌週の授業で「先生、言いに行ったったで。給料も学校で習ったから『労働基準法に書いてあるねん』って言ったら、店長が「ああ、ほな次から入れとくわ」という感じになったと話してくれました。そんな形で割と生徒の反応は悪くなかったんです。

ただ、どこか生徒たちの中で「もともとある権利を使えてラッキーみたいな感じで、損得勘定で終わってるんじゃないかな」という疑問が授業を進める中で出てきました。もともとのねらいに挙げていた「自分たちが声を挙げていく主体なんだということが、どこまで生徒たちの中に落ちているのかな」というのが私の中で疑問として湧いてきたんです。

ちょうどその時に「セーフティネットの学習」を授業の中でしていたんです。学習内容は生活保護制度でした。それと併せて「自己責任論」もあるということで、生徒たちと一緒に学んでいました。するとある男子生徒が、授業中こんな発言をしたんです。「それって税金やろ？　俺はそんなんに頼るのは嫌や。そんなんに頼るんやったら死んだ方がましや」と発言しました。本当に、ドキッとしましたね。なんでドキッとしたかというと本校には生活保護を受給している生徒もいます。私も自分の担当している生徒たちがどんな家庭状況か、ある程度わかっていましたので、その生徒がこの発言を聞いた時、当事者の生徒がどんな気持ちになるのかなと思ってドキッとしました。その時は、「この授業せんかったらよかったな」と正直、思ったんです。ただその発言を「なんでそんなこと言うねん」って怒ったとしても、生徒も「なんかアカンこと言ったんやな」で終わってしまいますので「今、あなたが言ったみたいに、そうやって思っている人も実は世間には多いんや」と伝えて、「じゃ、みんなはどう思うやろな」と生徒たちに返しました。

その時は、多分、苦し紛れだったと思います。その後、ドキドキしながら職員室に帰って生徒たちの感想を読んでいたんですけども、ある生徒がこんなことを書いていてくれました。「私の家も生活保護を受けている。周りとの違いに中学くらいから気づき始めたけど、その人たちに対する偏見や差別があることは初めて知った。おかしいことを『おかしい』と言えるようになりたい」。こんなふうに生徒が感想で書いてくれました。この言葉から本当にすごく力をもらって、「きちんとこの学習を進めていかなあかんな」とより一層思うようになりました。

一五分間の発表に向けて生徒たちが準備を進めていくんですけども、やっぱり生徒の中に「生活保護、自己責任やんけ」という価値観が「なんでか知らんけど、知らないうちに植え付けられているんやな」ということも知って、この意識を変えへんとあかんなということが私の中にも出てきました。「じゃ、どうやって変えれるんや?」って、すごく難しいことなんですけども、私自身は、その当事者自らがこの問題に向き合って支援される客体じゃなく、今度は自分が社会を変えていく主体になってほしいという気持ちがありました。今日見ていただくビデオは、当事者も含めた四人グループの生徒たちの発表で、テーマは生活保護制度と自己責任論について約一カ月半ぐらい、このことについて研究して、最後にはいろんな葛藤もありながら発表にたどり着くんです。その発表を今から見ていただいて、その後、どんなことが、その前後で起こっていたのかを、少し補足させていただきたいなと思います。

●ビデオ上映

A 「みなさんは誰もが自信を持って生きていく社会は実現可能だと思いますか？」。今の社会ではこの問いに対して実現可能ではないと言えます。なぜなら私たち自身、自信をもって生きていけないからです。私たちはこの問いに対して真剣に向き合ってきました。

B ではさっそく皆さんに質問です。「貧困」と聞いてどんなイメージを持ちますか。よくあるイメージとして、遠くにある貧しい国のこと、路上で生活をしている人などが挙げられるかもしれません。しかし先進国といわれる日本にも「貧困」はあります。日本の三〇年間の貧困率の変化をみると、現在、日本の貧困率は一六・一％です。最近になるにつれて上ってきているのがわかると思います。ではこの一六％の人たちはどんな生活をしていると思いますか。実はこの人たちは一年間に一二二万円以下で生活をしています。多分、みなさんにとってこの数字はピンとこないと思いますが、日本では年間二五〇万円が平均的な生活をできるラインとされていて、その半分のお金で生活をしている人が一六％もいるということです。つまり多くの人があたりまえにできていることを、この一六％の人たちはできていないということなのです。

C　ではもし自分自身の生活が困難になった時、あなたならどうしますか？　その時にみなさんに知っておいてほしいのが「生活保護」という権利です。私たちの権利は日本国憲法によって守られています。憲法第二五条に「すべて国民は、健康で文化的な最低限度の生活を営む権利を有する」とあります。この権利を生存権といいます。ここにいるすべての人たちが持っている権利です。その生存権と呼ばれるものによって「生活保護」という制度ができました。つまり生活保護は必要になれば誰もが受けられる制度のことです。具体的にいうと、二人世帯であれば毎月一二万くらいのお金を国が手当してくれます。

D　しかし「誰でも」というと、貯金がたくさんある人や保険料をもらっている人も受けられるのか、となってしまいますよね。では生活保護は、どんな時に受けられるのかを説明したいと思います。

生活保護とは、様々な事情で生活が困難になった時、人間らしい生活ができるように手助けする制度です。「最後のセーフティネット」といわれており、住む場所や食べ物さえもなくなり、いのちを落としてしまうかもしれない人を守る最後のネットなのです。そしてこの制度を受けることができるのは生活費を援助してくれる身内や親族がいない。資産を全く持っていない。病気や怪我で働けない場合です。ただし、働いている場合でも受けられるケースがあります。家庭の場合、その地域の最低生活費より低い場合です。このような状態になった時、もう一度言いますが、誰でも生活保護という制度を利用する権利があります。

B　しかしこの生活保護制度を受けている人に対して、「自己責任だ」とバッシングする人がいると私たちは授業で知りました。そしてさっそく私たちはインターネット上で「生活保護」という単語を調べてみました。するとそこには「甘えているだけ」「努力が足りない」「生活保護は恥」などという言葉が飛び交っていました。生活保護っていう単語を調べただけで、たくさんの悪印象な言葉がありました。

　あなたも生活保護イコール自己責任だと思いますか？　私たちはネットの情報だけではよくないと考えて、身近にいる人たちも本当にそう思っているのかを確かめるために、河内松原駅で一〇〇人の人にアンケートをとってきました。アンケート内容は「貧困や生活保護を自己責任だと思いますか？」という問いと、生活保護に対するイメージを訊きました。結果は一〇〇人中、「自己責任だ」と思う人と「どちらとも思わない」という人を合わせて四〇人でした。数的には少ないように思うんですけども、実際に街中にも生活保護に対して「自己責任」だと思っている人がいることに驚きを感じました。それと同時に生活保護を受けている人に対して「自己責任だと思っていない」人が六〇人もいました。そして「自己責任だ」と思っている人の生活保護に対するイメージは「怠け者」「自分で働け」「不正にもらっている」といった意見が多く、ネットの書き込みと似ていることもわかりました。

D　私たちはアンケート結果を受けて、このまま簡単に進めていってもいいものなのか、もう一度グループ全員で、どう感じているのか話し合う必要があると思い、話し合いの場を持ちました。その時、真剣に話してくれている仲間を見て私は自分の話をしました。それは私の家のことです。私の家は父、母、兄の四人家族です。周りから見たら普通の家庭です。でも私の父は病気なので働けません。なので実際に生活保護を受けて暮らしています。その中で私は辛い思いをしてきました。例えば、欲しいものを正直に「欲しい」と言えない。それは当たり前だと思っていたんですが、友だちの家族の話を聞くたびに「他の家庭と何かが違う」、そう思うようになりました。そう思うことが増えて、その時代が、とても辛くて悔しかったことを覚えています。

B　私も仲間が真剣に聞いてくれている姿を見て、初めて自分の話をしました。私の家は母子家庭で生活保護を受けて暮らしています。これまでに車を手放したり、府営住宅というところに引っ越してきたりしました。中学生になってから、いろいろな友だちに「どこか遊びにいこう」とか「一緒にご飯食べに行こう」と誘われることが多くなって、行きたいと思うものの、行けることは少なかったです。でも一度諦めきれなくなって、みんなのようにオシャレしたいとか、みんなで遊びに行きたいと思って、私は母のお財布からお金をとりました。その時、母に「なんで、ちゃんと言ってくれへんかったん」と怒られました。でも私にはその時、そんな選択肢はなかったです。今まで私たちを育ててきてくれた母、頑張っている母、苦しんでいる母を見てきて、私は「欲しい」とか言ったら負担をかけると思っていたから、言えませんでした。

C　私は最初、「生活保護は自己責任か」という問いに対して「自己責任じゃない」と言い切ることができませんでした。なぜなら生活保護を受けている人の中には、自分自身の行いが生活保護を受ける原因になった人がいるんではないかと思っていたからです。でも今回、二人の話を聞いて生活保護を受けている人の生活がどんなに大変なものなのか、直接、耳にして感じることができました。そして生活保護を受ける人がこんなに近くにいることを知ったことにより、これは社会全体の問題でもあると感じました。私は生活保護を受けている人に対して「自己責任」だとは思いません。生活保護は自己責任なのか、そうじゃないのか、ひとくくりにしていうものではないと思います。それでも、ただそれぞれの背景や事情を聞かずに、勝手な偏見や考えで「自己責任」と決めつけるのは違うんじゃないかと、みんなの話し合いで気づきました。

D　そして私たちは仲間との話し合いの後、ある疑問が生まれました。生活保護世帯を支援している役所の人たちは、どう思っているのかということです。先生からの紹介で、役所に勤めているNさんという人にお話を聞きました。Nさんはある市役所でケースワーカーとして、生活保護世帯の方の支援をしたり相談窓口の仕事をしています。現在も一二〇世帯のケースにかかわっています。

A　私たちが実際にNさんのお話を聞いてわかったことがいくつかあります。一つ目は生活保護から抜け出したいと思っている人が多いということです。私たちの街中でのアンケートの中でも「抜け出そうとしないで甘えている」という声がありました。ですが、実際に一番近くでかかわっているNさんのお話には説得力がありました。たとえばDVで夫と離婚した母子家庭の世帯では、お母さんが働いているところがほとんどです。子育てをしながらなので、どうしても正社員ではなくアルバイトという形になってしまいます。給料も安いので、働いても働いても生活保護から抜け出すのは難しいそうです。また他の世帯でも、夫のDVから逃れるために見ず知らずの地域に住み始めたため、地域や社会とのつながりが全くないことが大きな問題だとも言っておられました。

二つ目に、驚いたことにNさん自身も元々は「生活保護は自己責任だ」と思っていたということです。ではNさんの考え方はどこで変わったのか、私たちは質問しました。Nさんは大学卒業後、医療ソーシャルワーカーとして西成区の病院で働いておられたそうです。その時に貧困の真っただ中におられる方々とかかわり、これはその人の問題ではない、社会の問題だと感じたそうです。今の姿だけを見ると怠けているようにも見えるかもしれませんが、その人の生い立ちや背景を知れば知るほど、自分の中から「自己責任」という言葉が消えていったそうです。

D 最後に最初の問いに戻ります。「誰もが自信を持って生きていける社会は実現可能か」。私たちはこの問いに対して「できる」「できない」ではなくて、実現しなければならないと考えました。そしてそのためには二つのことが大切だと思いました。一つ目は隣に信頼できる人がいること。つまり人とのつながりです。貧困は単にお金がないということではありません。私たちがお話を聞いたNさんは、「貧困状態にいるほとんどの人たちは社会や人との関係性も切れてしまっている」とおっしゃっていました。私自身も、「自分の話をする前、仲間が離れていってしまったらどうしようか」と思っていました。でも、このようにここで話せたのは、信頼できる仲間が私にはいたからです。信頼できる仲間がいたからこそ自分らしく自信を持って話すことができました。

C そしてもう一つは「自己責任」という考え方を変えることです。周りの偏見が、貧困状態にいる人をさらに苦しめています。そのためには実際にその人たちとかかわるということです。私も仲間の話を聞いて考え方が変わった一人です。Nさんも同じようにかかわることで「自己責任」ではないと気づいたとおっしゃっていました。

A　そして私たちは、この二つのことを実現する場をつくりたい。つながりが生まれ、偏見をなくせる場です。私たちは松原高校の食堂を使って、放課後、「みんなの食卓」を開くことを提案します。そこは高校生だけじゃなく、高齢者や小学生、地域のおじさんやおばさん、誰もが訪れることができます。そこで一緒に遊んだり、ごはんを食べたりできる場です。

B　もちろんこれを実現することはとても難しいことです。でも私たちは本気で実現したいと思っています。私たちのお話を聞いたNさんも子ども食堂を運営し、居場所づくりの活動をされています。この発表だけで私たちの本気の気持ちを終わらせたくないので、私たちはまず、そこを訪れてみようと思っています。一ミリでもいいので何か自分たちでできることをしてみたい。その積み重ねが、社会が変わるきっかけになると信じたい。私たちの発表を聴いて少しでも心に響いたら一緒に訪れてみませんか。以上で発表を終わります。

●発表までの葛藤

はい、何回見ても、いつもグッとくるものがあって、いつもこの後にしゃべるのが難しいんですが、まず一つは、生徒たちが「なぜ自分のことを語れたのか」というのが、すごく大きいと思うんです。発表の当日は誰が来てもいいという特別授業になっていまして、七〇人ぐらいの人たちが目の前にいました。その中で、あの生徒たちは自分のことを語ったんです。あそこにいきつくまでにすごく生徒たちも葛藤していました。誤解のないように言っておきますが、私が「自分のこと言ったほうがいいんちゃう」と促したわけではなく、生徒たちが最終的に「自分で言う」ということも決めたんです。一人の生徒は最後まで自分の原稿を私に見せようとはしませんでした。それぐらいずっと最後まで悩んでいたということも、伝えておきたいなと思います。

では、なぜ言えたかということですけども、生徒たちは二つの経験をしていたことが大きかったです。このグループは「どうすれば聞き手の意識を変えられるのか」ということをずっと考えてきました。単に自分たちが発表して、それを聴いてもらって「よかったね」で終わるのではなくて、やっぱりその後、聞いた後に「その人たちが自分たちの行動が変わったり、考え方が変わったりしてほしいよね」と。そのためには「どうやったら変えれるんやろ」ということを、私にも「先生、どうやったらいいん?」と聞いてきていました。そんな時に「じゃあ、自分たちは今まで変わった経験はないの?」と生徒に問うと、二つのことを生徒が挙げてくれたんです。

その一つが「先輩の発表、課題研究」です。本校では「産業社会と人間」が一年生で必修なんですけども、三年生になると自分で一つのテーマを決めて、一年間研究して、六〇〇〇字の論文を提出し、さらに一五分間たった一人で発表するという大学のゼミみたいな授業があります。その三年生の発表を一年生と二年生が見るという機会が、ちょうどこの一月のコンペティション直前ぐらいにありまして、そこである先輩の発表を見た時に、生徒がめちゃくちゃ気持ちを動かされたと言っていたんです。

どんな発表だったかというと、その先輩は虐待経験があることをみんなの前で語っていたんです。「自分は教師になりたいんだけど、単に虐待する親を批判する大人にだけはなりたくない」ということを発表の中で語るんです。「自分は親も子どももまるごと支援できるような教員になりたいねん」と、三年生の先輩が一五分間の発表で語るんですね。それを聴いて、その時、自分の気持ちがすごく動かされたということを挙げてくれました。

もう一つは「クラスメイトの立場宣言」というものですが、「立場宣言ってなんやろ?」と思われる方も多いと思います。冒頭でも申し上げた通り、本校には被差別部落の地域から通ってくる生徒も複数いまして、ちょうど一年生の一月の冬の人権学習では部落問題学習を扱います。

その最後のところで生徒たちが自分たちで発表して学習をするんですけども、最後に、同じクラスの生徒が「自分は被差別部落の出身や」ということを言うんですね。それを聴いていたこのグループのメンバーは、その時に部落問題という問題があるということも初めて知って、でもそれって何か自分とは関係ないなと思っていたんだけど、いつも仲良くしていた友だちが「自分は被差別部落出身やねん」と涙ながらに語ってくれたんですね。その時に初めて「あ、これって自分にとって、めちゃくちゃ身近な問題や」と気づくんです。その時、初めて自分の気持ちや意識が変わったということを挙げてくれました。そういった中で、生徒が自分自身のことを語っていくということを考えていきます。

先ほどの発表にもありましたけども、グループ内での温度差も実際ありました。生活保護を受給している生徒がここでは二名いました。それ以外の生徒との温度差もあったんですけども、話し合いをすることで溝を埋めていったのがすごく大きかったかなと思います。発表が終わって印象的だったのが、授業中にマイナス発言をした男子生徒がいましたが、その生徒が発表した生徒に駆け寄っていって「めっちゃ伝わったで」ということを言うてたみたいです。私、直接は見ていなかったんですけども、あとの感想にこのメンバーの一人が書いてくれていました。それ以外にも同じく生活保護のテーマを発表した別のグループが、この発表直後に泣き崩れるということもあったんです。そのグループもすごく頑張っていたんですけども、この問題に自分らは全然向き合えきれてなかったということで泣き崩れていました。

こういう熱のある子どもたちが、この後、「こども食堂」の立ち上げに向かっていきます。私は「この発表で終わりかな」と思っていたんですけども、その後、生徒たちから「先生、ほんまに自分ら、やりたいから、まずは見学に行かせてほしいねん」と言ってくれまして「じゃ、先ほどのケースワーカーの方がやってはる『子ども食堂』に行ってみようか」ということで一緒に行かせてもらいました。

●「子ども食堂」の立ち上げ

実際に生徒たちはそこにきている子どもたちとかかわる中で難しさも感じていました。ある日、見学に行った時、子どもたちとかかわっていると、男の子がボソッと言うんですね。「俺の姉ちゃん、津波で流されてん」。その時に生徒の顔、真っ青になっていましたね。もう、どうそれに応えたらいいんだろう。後で聞いたら、その子は東北大震災で被災をして、その後、大阪に来た子やったみたいなんですけども、実際に行ってみて気づくことというのも生徒たちの中に出てきました。

そうやって見学をしていると、今度は「自分たちで立ち上げをやりたい」ということで生徒から話がありました。ちょうどその時に本校で「課題早期発見フォローアップ事業」という難しい名前の事業が大阪府の教育委員会からきたんです。この事業は地域のＮＰＯの方と一緒に居場所づくりを高校の中でしてみないか、というような事業だったんです。校長先生から「じゃ、それに乗っかって『こども食堂』を校内でやってみたらいいんちゃうか」とご助言もいただいて、生徒たちも実際にやってみることに決まりました。

今、二カ所で「こども食堂」を立ち上げています。現在も継続していまして、一つは「松高きっちん」という名前にして、松原高校の中で本校の生徒を対象としてやっています。こんな形で実際に生徒たちの妹や弟たちも来てくれたりします。こっちはなんで「きっちん」という名前にしているかというと、「食堂」というと何か食べさせてもらう場所というイメージがあるので、もう高校生なんで、やっぱり一緒につくって、会話しながらご飯つくっていく力もつけていこう、ということで「きっちん」という言い方にしています。実際に生徒たちが「地域でもやりたい」と言ってくれまして、「みんなの食卓」という形で、地域の人権交流センターで月一回、食堂を運営しています。ここではいろんな地域の子たちが来てくれています。

「この取り組みの意義はどんなところにあるのか」ということですが、一つは生徒が主体となって居場所づくりをしているということに、すごく大きな意味があるなと思っています。何か与えられた場所で「やりなさいよ」ではなく、生徒たちが自分で社会のこの問題に向き合いながら、自分たちで居場所づくりをしていくということに、すごく大きな意味があるなと思っています。またこの場には本当に支援する側と、される側という区別がないなと思っています。

もう一つは、生徒たちがエンパワーされているなと思います。本校にも、不登校や、学校に来てもなかなかクラスに入れないという生徒がいるんですけども、そんな生徒なんか、この場にくることで自分にも役割が与えられるんですよね。単に来て、ご飯つくって終わり、だけじゃなくて、小さい子どもたちも来ているので、その子たちの面倒もみる。自分もそこにいて何か役割があって、「自分もここにいていいんだ」ということを感じられる場になっています。最近は本当に「自尊感情」が低い生徒が高校生でも多いんです。こういった活動の中で「自分はここにいていい」「自分も自分の素を出していいんや」と感じられる場になっているなと、思っています。

また、スクールソーシャルワーカー（以下ＳＳＷ）の方や地域の関係機関とも連携できる場になっています。本校は、月二回、ＳＳＷの方に来ていただいているんですけども、やはり課題のある生徒と直接かかわる機会って、ＳＳＷの方は少ないんですね。来てもらう日をちょうどこの「松高きっちん」の開催日にしているので、そこにＳＳＷの方も来てもらって、課題のある生徒の顔をちょっと見てもらったり、話をしてもらったりというような場にもなっています。

最後に、ある生徒の言葉で私の話を終わりたいと思います。今日はちょっと残念ながら欠席をしてしまって来られません。高校三年生なので、もうほとんどの子の進路が決まっているんですけども、進路に向かう中で、その生徒が語ってくれた言葉です。ちょっと読ませてもらいます。「正直、高校に入って友だちと深くかかわろうと思ってなかった。おもんないけど、とりあえず自分のために成績だけはキープしておこうと思っていた。でも○○が自分の立場を泣きながら言ってくれた時、何かわからんけど、自分にできることをしたいと思った。ほんまに、そっからだと思う。そっから全部のことに前向きになった。家のことも誰かに言うとか、考えられへんかったけど、今は、そういうことも話せる仲間に支えられていると感じている。だから教師になったら子ども同士の上辺だけじゃない、ほんまのつながりをつくれるようになりたい」と、このように生徒たちが語ってくれています。

この言葉を聞くと、「じゃ、教員の私自身は何ができるのかな」といつも考えるんですけども、本当に「生徒は生徒の中で育っていくんやな」と、いつも考えさせられるんです。でも「自分は教師として何ができるかな」と考えた時、一つはそうやって生徒たちが「自分で何かやってみたい」とか「自分がありのままでおれる場所をつくっていく」ことではないかなと、私自身、思っています。その土台になるのは何かというと、それは生徒との信頼関係だったり、本校でいえば人権教育というのが、この取り組みの中でもすごく大きな意味を持っていると思っています。以上で私の話は終わります。どうもご清聴ありがとうございました。

吉永　はい、ありがとうございました。それでは生徒さんと一緒に先生と語り合ってもらおうかと思います。

木村　生徒たちも今日は六人で来る予定だったんですけど、一人、体調不良で欠席になってしまいました。先程動画も見ていただいたんですけども、発表したメンバーは四人やったんです。その後に生徒たちが「こども食堂」を立ち上げた中で、四人だけではなくて、もっとこの活動を一緒にやる仲間をつくりたいと声をかけて、それに賛同したメンバーが増えまして、この三人は「こども食堂」を一緒にやるということで、後から参加している生徒です。では、私と話をしながら進めていきたいと思います。

それではお願いします。「こども食堂」は昨年七月に始まって約一年ちょっとぐらいたつんですけども、「こども食堂」を立ち上げていく中で、いろんな葛藤が新たに出てきたり、実際にやってみてよかったこともあれば、しんどかったこともあったり、ということなんかを中心に話してもらいたいと思います。

また、実際、あと学校に来るのは三〇日ぐらいですよね。この後、自分たちが卒業したら、どんなふうに今の活動を社会に出てから活かしていきたいかということも、今日は聞けたらなと思っていいます。最初に「なんでこの活動を始めようと思ったのか」ということを順番に聞いていきたいと思います。Tさん、なんでこの活動を始めようと思ったのか、教えてもらっていいですか？

T　「産業社会と人間」の授業で学んでいくうちに、「安心できる場所があったら居場所を必要としている多くの人が救われると思ったから」というのと、「自分もそのような居場所があったら、小学校とか中学校の時、行っていたやろな」と思ったからです。

木村　うん、なるほど。言える範囲で構わないんやけど、小学校とか中学校の時、「もしそんな場があったら行っていたかも」というのは、何かTの中で、なんでそんなふうに思うのやろ。

T　自分の家の中で家族みんなでご飯を囲めたのが、あんまり記憶になくて、そういう温かい場所があったらいいなと思ったんです。

木村　なるほど。自分の小さい時の記憶とも重なるところもあって、この活動をやってみようと思ったわけやね。同じく初期メンバーというか、発表した中にいたMさんはどうですか？　この活動やってみようと思って、ずっと続けている理由って何ですか？

M　始めようと思ったきっかけは、発表とかをしたり、頭ではそういうことしたいなと思うのは結構、誰でもできたりするんですけど、実際に行動することって難しい。でも「自分たちだからこそできる。自分たちにしかできないことだからこそ、行動に移すことに意味があるんじゃないか」と思ってやりました。

木村　はい。ありがとうございます。Mさんは「この活動をやめよう」と思ったことはないですか？

M　ないです。

木村　ありがとうございます。「この食堂をやるよ」ということから一緒に参加したIさんは、どんなふうに思っていますか。なんでこの活動をやろうと思ったんですか？

I　一年の時に四人と同じクラスで、ジャンルは違ったんですけど、授業の発表を見て素直に「やりたいな」と思ったのが理由です。「やりたい」と決めたのは、自分の経験で、小さい時に一人でご飯を食べることが多かったり、家の雰囲気というか居心地があまり家にいてもよくなくて、「自分がそういう経験をしているからこそ、そういう思いを子どもたちにしてほしくないな」と思って「参加したいな」と思いました。

木村　うん、なるほど。Iさんも「この活動をやめよう」と思ったことはなかったですか？

I　ありません。

木村　ありがとう。じゃ、Iさんも割と自分の小さい時の記憶とか、今もそうかわからないけども、そことちょっと重なる部分があって、「自分がそれをつくる人になりたい」と思ったってことやね。はい、ありがとうございます。

次の質問ですけども、ずっと活動をやっていて、いろんな子どもたちのかかわりがあったり、最近では地域で大人のお母さん方もよう来てくれますよね。どうですか、実際にやっていて「やり甲斐とか、やっていてよかった」と思うことなんかを聞いていきたいんですけど、Yさん、どうですか？

Y　はい。やり甲斐を感じる時は、普通に子どもが笑顔で楽しそうにしている時と、かかわる中で暴力をふるったりとか暴言を吐いたりもするんですけども、そういう子たちが急に自分の話をしたり、嫌やったことを話してくれる時とかに、やり甲斐を感じます。やっていてよかったのは、私自身、普段、小学生とか小さい子、地域の方と、ほとんどかかわることがなかったんですけども、その方たちとかかわることで自分の視野が広がって、将来、自分のやりたいことも増えました。

木村　なるほど。Yさんは面白い生徒でね、校外でやっている「みんなの食卓」には自分の隣に住んでいる子どもたち三人を連れて一緒に自転車で来てくれたりします。その家もいろいろ課題があるようですけど、前に話を聞いていたら、そこのお母さんなんかもそれに子どもたちが行くようになってから、ちょっと落ち着き始めたって、Yさん、言うてたね。じゃ、Sさんどうですか。同じようにやり甲斐とかやっていてよかったなと思うことはありますか？

S　はい、私はかかわる人や「こども食堂」を訪れる子どもたちが自然と、ここを必要としてくれるのかなと感じることに、やり甲斐を感じます。子どもが「次も来る」と言ってくれる、その一言が素直にうれしいです。そして私は、この活動をしている中で満足な時って、なかなかないんです。大体いつも何か課題や考えることがあって、でもそれが私にとっては、とてもよくって、それがあるから「自分もまだまだやな」と思って挑戦もし、続けられると思っています。逆にその課題がなくなったら「私は、もう必要がないんじゃないかな」と思う時もあります。課題が自分自身を成長させてくれるし、それが、やり甲斐になっています。

木村　ほう。なかなか普段、私も聞くことがないので、ちょっと感心してしまいました。Sさんも面白くて、いつも土曜日は固定でバイトが入ってしまっているんですけども、ご飯だけつくりに来てくれるんやな。食堂のおばちゃんみたいになって、とりあえず食堂入ってご飯バーッとつくって、自分は食べずにバイトに行くってことをしてくれています。ありがとうございます。Mさんはどうですか？　やり甲斐とかやっていてよかったと思う時はありますか。

M　やっていてよかったと思うのは、「ありがとう」とか「ごめん」とか「うれしい」とか「悲しい」という、子どもの中のいろんな本音を聞けた時です。私は、ここに甥っ子とか姪っ子を連れて行っているんですけども、この場で起きたことを帰ってから話してくれたり、「また行きたい」と言ってくれたら、とてもやり甲斐を感じます。またここでも、NPO法人の「やんちゃまファミリー」さんと自分たちで食事をつくって提供しているので、料理をつくるのが上達するのも、またやってよかったと思う点です。

木村　はい、ありがとうございます。ほんまに、めちゃくちゃ料理が上手くなっていまして、私、ほとんどきっちんに入らないんですけど、自画自賛になってしまうかもしれませんけど、「最初よりも料理、うまくなった」と思う人いますか？　わからへん？　でもNPOでいっしょにやっている「やんちゃま」さんは「ほんまに上達している」と言っているよね。ありがとうございます。今、やり甲斐とか、やっていてよかったというお話をいただいたんですけども、やっていく中で「困っていること」とか「課題」というのも実はいっぱい出てきます。そのあたりもちょっと聞けたらと思うんですけども。Iさん、どうですか？

I　活動を始めた時は周りの人から「松高きっちんって何？」とか「行っていいやつなん？」とか友だちから「今日、行っていいの？」と、よく聞かれることがあったんですけども、この活動は最初、家で一人でご飯を食べていたり、家で何か困っていたりする子たちの居場所として始めたので、誰でも来られる場所というか、誰でも呼んでいいのかはわからなくて、最初はとても困っていました。でも少しずつ友だちも呼び始めて、今は「松高きっちん」は友だちも増えてきて、来てくれる人数が多くなっています。

木村　はい、ありがとう。この課題、最初に直面したんです。いわゆる「こども食堂」は、クローズドでやってはるところもあれば完全にフルオープンでやってはるところとか、一部だけオープンにしてたりとかあるんです。うちもそこが難しくて、フルオープンにしたら、ほんまに必要な子に、それがいけへんのちゃうかなというのもあったんです。でもやっぱりこっちが見えている支援が必要な子だけじゃなくて、私らが掴めてないだけで、声を挙げてないけど支援が必要な子も中にはおるかもしれへんし、今は誰が来てもいい場所になりつつあるかなと思います。Sさん、困ったことや難しく感じることはどうですか。

S　私はご飯をつくっていく中で、毎回、子どもたちが食べたいものをみんなで考えて調理するんですけども、子どもによって、全然食べてくれなかったりする時があるんです。その風景が、とても悲しくて、それがとても難しく感じるところです。

木村　うん、そやね。ありますね。せっかくつくったけど、残されるという。割と野菜を食べられへん子とか、おうちで食べてない可能性もあります。子どもが残してしまうという、その課題が出てきたとき、Sさんなりに「こうしたらいいんかな」と思ったことって、ありますか？

S　それは考え中で、まだやっていないんですけど、これからやろうと思っていることは、次は一緒にご飯をつくったらどうかと提案しました。ご飯を一緒につくることで、子どももご飯ができるまでの大変さや楽しさを知れると思うし、ご飯をつくる過程で友だちとの会話も増えるかなと思いますので、それを次に試してみたいです。

木村　なるほど。ありがとうございます。さっきYさんがチラッといってくれましたけども、暴力とか暴言の問題は実は多くて、そのあたりはどうですか。Yさんあたり何か思うことはありますか？

Y　難しさ。止めても逆にヒートアップしたり、自分らが止めることによって自分の思いが通らんくって更に暴力をふるったりとかがあるので、やっぱりかかわりながら自分でどういうことをしていけばいいのか、常に考えて行動しています。

木村　そうやね。正直、ここでは言えない言葉なんかも、ちっちゃい子どもなんかがバンと言ったりします。「なんであんなこと言うたんかな」とか、いつも考えていたりとか、ミーティングとかでするんですけど、でも面白いことに、「でも、それってもしかしたら家の中で、そんな言葉が飛び交っているのかもしれへんよな」と、生徒たちの中から出てきたりというのがあります。はい、じゃ、次の質問です。Tさん、ちょっと聞きたいんですけども、Tさん自身にとって、「この場所ってどんな場所ですか?」

T 私自身は来る子たちだけじゃなくて、自分の居場所でもあるし、毎回、行くのが楽しみな場所です。

木村 はい、そやね。自分が卒業後、どんな居場所になってほしいとかイメージありますか?

T 卒業したら、メンバーだけが楽しい場所じゃなくて「そこを必要としている人が、ちゃんと安心できる居場所やったらいいな」と思います。

木村 はい、ありがとうございます。Mさん、どうですか。「あなたにとって、この場所ってどんな場所になっていますか?」

M 二つあるんですけど、一つ目は「自分にとっても他の誰かにとっても居場所になっている」と思います。この場所では子どもたちはよく喧嘩するんですけども、喧嘩しても、次、何もなかったかのように、またこの場所に来るんです。何か求めてきてくれているから、きっとこの場所に来るし、居場所になっていると思います。

二つ目は「自分にとっては学びの場」と思っています。学校では学べない、この活動で自分なりに、何か起きて感じたことが、ふとした時に疑問になっているんです。たとえば「なんで喧嘩するんか」とか「なんでまた喧嘩するのに、この場所に行きたいと思う」のか、「何で怒るの?」とか「何で泣くの?」とか、その疑問を友だちと話しながらいろんな意見を聞いたりして、自分にはなかったものを得られます。だから私にとっては「居場所」と「学べる場」の二つです。

木村　なるほど。活動していく中でも新たに問いが生まれていくということやね。それ、すごく活動している意味あるなと思います。Yさんはどうですか。「あなたにとっての居場所はどうですか？」

Y　自分も、子どもを支援してくださる方々とか地域の方と会う中で、「教科書では学べないことが学べる」。活動する中で「自分の居場所」にもなり、自分がその場所でつながることで自分の弟やその近所の子ども達をつなぐことができて、居場所になっているんだなと感じます。

木村　はい、ありがとうございます。そやね、Yさんは「自分は居場所づくりをしています」って、いつも思っているんですか。そのへんはどう？

Y　自分から「居場所づくりをしています」という場所にしてしまうと、メリットもあるんですけども、デメリットもあります。食堂に来ているということをあまり言いたくないとか、外で言えない子もいます。だから「居場所づくりをしています」というよりは「自然に居心地のいい居場所になっていたらいいな」と思って。私たちも居場所づくりをしているというよりは、「一緒に楽しく過ごせる場になったらいいな」と思っています。

木村　はい。よく「こども食堂」でいわれることですよね。その場所に行っているというと「貧しい家庭の子なんや」という目で見られるから、そこには行きたくないということを実際に子どもたちに言われたりしたとYさんも、言うてましたよね。はい。ありがとうございます。

次、印象に残っているエピソードなんかも聞きたいんですけども。Tさんはどうですか。子どもたちとかかわって一年ぐらいになりますけども、これが結構、自分の中で「印象的やな」というエピソードがあれば。

T　一緒にやっているNPO法人の「やんちゃま」さんの食堂に行った時に、結構人見知りの子がおって、またちょいちょいちょっかいかけてくる子がおるんですけども、その子と一緒に遊んでいた時にホワイトボードに絵を描いていて、その子が「これがおばあちゃんで、おじいちゃんで」と説明してくれました。その後に「お父さんとお母さんはおらんねん」と、その時は笑いながら言ってたことが衝撃的でした。終わった後「やんちゃま」さんに聞いたら、「本当は親がいるけども、その子はネグレクトを受けているから『親おらん』と言ったんちゃうかな」と言われて、その時、自分は何ともいえへん気持ちになりました。あとあと考えたら「なんで私に言ってくれたんやろうな」って思って、それがすごい印象的でした。

木村　はい。ありがとうございます。そういう「ウッ」となるような言葉を子どもたち、突きつけてくることあるよね。また考えさせられたりすることがありますね。じゃ、この活動をずっとやってきて学んだことを少し聞きたい。Iさんどうですか。自分がやってきて学んだことってありますか？

I　「子どものひとつひとつの行動に何か意味があるんじゃないかな」というのを考えるようになりました。子どもたちと一緒に遊んでいる時に、自分たちに「遊んで」と子どもたちが言ってくるんではなくて、私たちに暴力をふるってくるんですよ。その暴力をふるってくる子たちって、なんで素直に「遊ぼう」って言われへんのかなと、ずっと考えていたら、もしかしたら、そういう経験、誰かに対して「遊ぼう」という経験がなかったり、家でかまってくれる人がいないから、「遊んで」って素直に言うんじゃなくて暴力をふるってくるんじゃないかなと考えるようになりました。

木村　はい、ありがとうございます。Yさんもどうですか。この活動をやってきて学んだことなど。

Y　人とかかわってつながることで見えてくるものがたくさんあって、自分が絶対知ることがなかったことをこの食堂で知ることができました。一番思ったのは、子どもとかかわる中で、普段のご飯を食べるとか、歯磨きをするとか靴を洗うとか、そういうのができてないよなというのが見えてきました。でもそれって、「こども食堂」って月に一回しかやってないので、たまにしか声掛けができない。それでも少しでも変わってほしいということで、月に一度でも、ご飯や遊びを提供することは、とても効果があると、子ども一人ひとりの習慣や気持ちを大切にしながらも、今と将来を大切にしていきたいなと思うようになりました。ここに来た時だけでも、たくさん話を聞いてあげたり、認めてあげたり、大切にしてくれる人が、親以外にいるということも知ってもらえたらなと思っています。

木村　はい、ありがとうございます。「なんか、そんなところまで見とったんや」と今、気づかされたんですけども、見る視点が教員を超えているなという感じがします。はい、最後の質問です。これは全員に順番に聞いていきます。「この活動で得たことを自分自身は高校卒業後、どう活かしていきたいか」ということです。もし自分の進路と絡むところがあるんやったら、それも含めて話してもらえたらなと思います。Sさんからいきましょうか、順番に。お願いします。

S　私は中学生の頃、こんな高校生活を想像していませんでした。この活動をとおして、私はいろんな人とつながって意見交換をしていく中で、本当にいい経験をしていると思っています。そのかかわりの中で、「自分も居場所を求めている一人だ」とも気づきました。私は来年から看護学校に通って、将来助産師になるという目標があるんですが、病院は日々いろんな人が訪れて、目に見えるものだけではなく、心のうちに秘めたものもたくさんあると思います。その方一人ひとりに私がどう寄り添い続けるのか。それはこの活動をやっていることが自分の自信にもなるし、かかわり方も変わってきていると思います。私は食事という形でこの活動を続けてきました。次は病院に訪れる人の支えにもなりたいと思っています。そのために行動し続けたいし、それはまだまだこれからも続くことだと思っています。

木村　はい、ありがとうございます。Mさん、どうですか?

M　私は将来、児童養護施設の職員になりたいので、ここで得た活動のことを活かしていきたいです。「この子には怒った時、この対応はダメやったけど、この子にはいけた」みたいに、人間関係には正解はないと思うから、ちょっとでもこの場所で得た感覚を自分のものにしていきたいと思っています。人それぞれ育ってきた環境も違い、それによって性格も違ってくるから、一人ひとりにあわせていける職員になれたらいいなと、活かせていけたらいいなと思っています。

木村　はい、ありがとうございます。じゃ、Tさん、いきましょう。

T　私は今あるこの活動を続けたいというのもあるし、大学に行くんですけども、大学でもそういう居場所があるということを広めていきたいなと思っています。将来、私は教師になりたいんですけども、もし教師になれたら、生徒たちももちろんですけども、生徒の親たちにも「こんな居場所があるよ」って教えていきたいなと思っています。学校内とかに安心できる居場所をつくっていきたいです。地域の中でも、イベントをしたり、遠足みたいな感じでしていきたいなと思っています。

木村　はい。ありがとうございます。Yさんから。

Y　はい。私は「こども食堂」で活動する中で、いろんな問題があるんですけども、特に子どもの遊び場がなく、子どもがインターネットで遊んでいるとか、室内で遊ぶことが増えていることが、とても気になっています。そういう子どもが思いきり遊ぶ場がなくてストレスがたまったりするので、子どもに遊び場を提供したいなという思いから、「課題研究」という授業で論文を書いているんですけど、そこでは「農業を通じた居場所づくり」を研究をしています。たとえば農家とか田舎の余っている遊休地などにつなげることで、子どもの遊び場になってほしいなと思ってます。野菜にも興味をもってもらって、田舎のおじいちゃん、おばあちゃんとのかかわりが子どもに何かいい影響を与えるのではないかというのを今、研究しています。将来は農家民宿をつくりたいという思いがあって、いろんな人がゆっくり休んでもらえるような、自然に楽しいという感情から田舎でいろんな経験をしてもらって居場所になればいいなと思っています。

木村　はい、ありがとうございます。では最後にIさん。

I　私は、みんなのように大学とか専門学校に進学するわけじゃなくて就職するんですけども、就職すると、この活動を活かせるかというと、そういう場は少なくなってくると思います。私は課題研究という授業で人とのつながりについて研究しているんですが、その研究をしている中で今、この世の中って地域のつながりというか、隣の人とのつながりって、とても薄いなって感じています。それで今、私がこうやって地域とのつながりの中でこども食堂とかやっていて、この活動で得たことを活かして、将来、一人暮らしとか家族をもった時、隣の人や近所の人とかで支え合えるような関係を築いていきたいなと思っています。

木村 はい。ありがとうございます。卒業間近で泣きそうになってしまうんですけども、ほんまですよ。なんか本当に生徒たちの言葉を聞いていると「この子たちがこんなこと思ってるんやったら、自分も何かしないとな」と、いつも身が引き締まる思いになってしまいます。今回、卒業してしまうんですけども、次の二年生、一年生に、この活動をつなげていけるように、自分たちの思いをバトンとしてつないでいくために、どうしていったらいいかということも今、考えてくれていますので、ここで終わらせずに、私もこの活動を引き続きサポートしていきたいなと思っています。ご興味ある方はぜひ見学に来てもらえたらうれしいです。では、これで本日の発表を終わらせていただきます。どうもご清聴、ありがとうございました。

（第32回花園大学人権週間・二〇一八年十二月五日）

優生保護法の歴史と現在

松原洋子

●はじめに～「優生学」の歴史を振り返る意味

みなさん、こんにちは、松原です。私の専門は科学史、生命倫理学、科学技術社会論ですが、特に優生学の歴史を研究しています。二〇〇〇年に刊行された『優生学と人間社会』（講談社現代新書）では「日本――戦後の優生保護法という名の断種法」という章を担当しました。また、優生手術の被害者の支援をしている団体がまとめた『優生保護法が犯した罪』（現代書館）の増補改訂版が二〇一八年に出ていますが、この本で私は優生学の歴史について書いています。

「優生学」という言葉は英語の〝eugenics〟がもとになっています。〝eu〟は「良い」、〝genics〟

は「種、生まれ」という意味です。優生学は二〇世紀のはじめに、進化論、遺伝学、統計学、精神医学、社会衛生学、産科学、人口学などと関連しながら発展しました。そのため、科学史の研究対象となっています。また、「良い」、「悪い」は価値観がかかわっています。それが、人種差別、階級差別、性差別、職業差別とも結びつき、そのような背景から移民排除や強制的な不妊手術にもつながりました。さらに、優生学的な手術をするのは医者ですから、生命倫理、医療倫理とかかわってきます。私はそのすべてに関心があります。

最近、「中国でゲノム編集された双子の子どもが生まれたらしい」というニュースがあり、サイエンスの世界では大問題になっています。ゲノム編集とはゲノム情報を実験的に操作する技術です。望ましい性質を発現する情報を付け加えたり、遺伝性の病気が発生しないようにしたりできると考えられています。しかし、これを人間の子どもの出生に応用するのは、国際的にはやってはいけないことになっていました。それにも関わらず、中国の研究者が実行してしまったというのです。

近い将来、ゲノム医療が身近なものになります。私たちは現在、血液検査で血糖値や尿酸値などを測定し、その結果を病気のリスクと関係づけています。これに加えて近い将来、ひとりひとりのゲノム情報がリスクを算出する基準になるでしょう。このような現代において、遺伝情報にもとづく社会運営や生殖への介入を実行した優生学の歴史を、振り返っておくことは大切です。

●「優生学」とは？

「優生学」とは何か。一般には、ナチス・ドイツが有名です。ユダヤ人や障害者など国にとって都合がよくないとみなされた存在が、抹殺されました。ただし、これは秘密政策でした。公然と行われたのは、「都合が悪い」とされる子どもを産ませないための不妊手術や中絶手術です。「望ましい」子孫を増やし、「望ましくない」子孫を減らす、という優生学の考え方は、二〇世紀のはじめに広まりました。ナチスで断種法ができ、それをモデルに日本も一九四〇（昭和一五）年に法律をつくりました。

ナチスの断種法のモデルは、アメリカの断種法でした。二〇世紀前半、優生学は国際的な運動として広まり、ヨーロッパだけでなく、南北アメリカ、アジア、ロシアなどで、人口の質にかかわる保健政策と結びつけられて、政府が関わっていったという経緯があります。

断種法のほか、「望ましくない」子どもが生まれそうな人同士を法律的に結婚させないという結婚制限法、また人種の質に格付けをすることで特定の地域からの移民を制限する移民制限法に、優生学は影響を与えました。

優生学の考え方は、元をたどれば古代哲学者のプラトンに遡るといわれています。プラトンの『国家』に、弱く生まれた子どもはそのまま連れ去ってしまう、育てないというのが理想国家のあり方として描かれています。確かに人間に優劣をつけるという考え方自体は古くからありますが、それが「優生学」の形になったのは一九世紀半ば、ダーウィンの進化論が普及してからです。自然選択説による生物進化論を人間にあてはめて、人間の品種改良をする、そういう発想が出てきて「優生学」となりました。

優生学には二つのアプローチがあります。一つは「積極的優生学」、よいとされている子孫を増やす、よい子孫をもたらすとみられた人同士の結婚を奨励する、育児支援をするといったものです。例えば一九〇八年、アメリカのルイジアナ州で健康博覧会が開かれ、このなかに「赤ちゃんコンテスト」というものがありました。「良い子ども」であることを競い合う赤ちゃんコンテストは、「積極的優生学」の例のひとつです。

一方、もうひとつのアプローチである「消極的優生学」には、「劣悪」とされた性質をもつ子孫の減少を促進する、産ませないようにする断種、すなわち不妊手術、男女が交わらないように隔離するなどの結婚制限、「劣悪」な子を産みそうな人が妊娠していたら中絶させる人工妊娠中絶、そして移民制限などがあります。

一九三六（昭和一一）年、これから日本でも「断種法」をつくるという動きが始まったという新聞記事があります。「画期的な法の産聲」、「悪血の泉を斷って護る民族の花園、研究三年、各國の長をとった「断種法」愈よ議會へ」という見出しです。この記事に写真がある永井潜教授が代表を務める「日本民族衛生協会」が研究し、議員を通じて法案を帝国議会に出しました。「花園」という言葉は優生学の理想が実現した暁の姿です。「劣った人」は「雑草」と呼ばれていました。

一九四一（昭和一六）年、厚生省が出した啓発用の冊子、『国民優生図解』が当時の政府の考え方を伝えています。これは国会図書館のデジタルライブラリーに公開されています。「国会図書館サーチ」で『国民優生図解』で検索すると出てきます。たとえばこの冊子では「國民優生方策」が図で説明されています。フローチャートになっていて、左が「悪質遺傳病防遏」。「防遏」は「防止」という意味です。優生手術が主な手段として挙げられています。右は「優生的多産奨勵」。健全な人をより多く産ませる、その手段としての多産奨励です。つまり「産めよ、殖やせよ」といっても、国民全員を対象としているわけではありません。しかも、その線引きは変化します。

たとえば結核は当時、国民病で、抗生物質もなかったので、若くして亡くなる人が多かった病気です。妊婦にも結核だった人がいました。結核は感染症ですが、発症には環境や体質が関わっています。「結核は家系の病であるから、そういう人は結婚させない方が良い」という説がある一方、「産めよ、殖やせよ」と一人でも国民を殖やしたかったので「結核ごときで中絶するなんてとんでもない」とする風潮もありました。このように、その時々の状況によって線引きは意図的に変えられていくところがありました。

●優生保護法の概要

優生保護法は一九四八（昭和二三）年に公布されました。米軍占領期、第二回国会において議員立法で成立したものです。これが一九九六（平成八）年に大幅に改正され、優生主義的な条項が削除され「母体保護法」になりました。しかし「母体保護法（昭和二十三年法律百五十六号）」とされているように、法律番号は優生保護法と同じです。優生保護法は廃止されたわけではありません。「優生保護法」は、不妊手術及び人工妊娠中絶について条件を限定して合法化し、刑法違反にならないようにするための法律です。医療行為は基本的には「医的侵襲」にあたります。薬を飲んだり、検査を受けたり、手術を受ける、それぞれの行為は何らかの形で悪い副反応が起こりえます。自分の健康や生命と秤にかけて、リスクがあったとしても、そのままにしておいたらもっと大きな問題が起こるから医療を受けます。

ところで、もしその人の体を治すためのものではなく、その人自身の健康のためにならない手術ではどうでしょうか。「優生学的な不妊手術」はこれにあたります。正当な理由がないままメスを入れたりするのは、その対象者に危険を与える行為なので、刑法の「傷害罪」にあたるおそれがあります。中絶の場合は、今でも刑法に「堕胎罪」があるために、中絶をした本人も手術をした人も違法性を問われないような理由が他になければ、罪に問われます。優生学的理由による不妊手術や中絶は、本人の体のためではなく、「望ましくない」子どもが産まれないようにするためのものです。そこで、別途合法化するための仕組みが必要です。断種法は、「不良な子孫」の出生を防止するための手術を正当化する法律として、二〇世紀のはじめにつくられました。

日本では優生保護法の前に国民優生法がありました。一九四〇（昭和一五）年公布、四八（昭和二三）年に廃止されます。優生保護法の中に「国民優生法を廃止する」という規定があったので廃止されました。国民優生法第一条には、「本法は悪質な遺伝性疾患の資質を有する者の増加を防遏するとともに健全なる素質を有するものの増加を図り、もって国民素質の向上を期することを目的とする」とありました。つまり、消極的優生学と積極的優生学が目的に含まれていました。

戦争に負けて連合軍に占領され、占領期につくられたのが「優生保護法」です。第一条には「この法律は優生上の見地から不良な子孫の出生を防止するとともに母性の生命、健康を保護することを目的とする」とあります。このように、優生の見地からは「消極的優生学」だけになりました。しかも国民優生法では「遺伝性疾患」と限定していたのが、「優生保護法」では「不良な子孫」という広い概念になりました。しかし、この優生条項が「障害者差別の考え方に基づいている」と批判が高まり、一九九六（平成八）年に「母体保護法」になりました。これにともない「不良な子孫」という言葉も削除されました。

●優生保護法の「優生」のなりたち

ところで、「優生保護法」の「優生」はどのように成り立ってきたのでしょうか。これは直接的には国民優生法に遡ります。一九三八（昭和一三）年、厚生省に「優生課」ができ、各国の「断種法」が調査されました。特にドイツの断種法をモデルに提案をつくりました。さきほど言及した「民族の花園」の記事にあった、永井潜が率いる日本民族衛生協会の専門家が厚生省のワーキングチームに入ります。そこで断種法を策定していきました。一九四〇（昭和一五）年、帝国議会に法案が提出されます。

国民優生法ができる直前、学者や医者はどういう状況だったでしょうか。一九三八（昭和一三）年一月二八日の読売新聞の記事があります。「時代の要望「斷種法」厚生省がいよいよ取上げ、委員會を設けて立案に着手」と永井他、中心的な学者が登場しています。また、一九三八（昭和一三）年四月一九日の読売新聞の記事では、「斷種法に針路示す。「民族の雜草」調べ」「学会総動員の委員會廿八日初顔合せ」とあります。遺伝的な病気をもつ、精神障害があるとか劣ったとされる人たちが、ここでも「雑草」といわれています。これは、当時の日本学術振興会が、日本人の遺伝的な性質の問題や精神病や知的障害の問題を学術的に研究し始めるという記事です。

もう一つ、法律と関係が深い調査ですが、法案の提出に先立ち、厚生省の優生断種制度調査費に基づいて全国の精神病者、遺伝家系調査を実施して、このデータを法案提案の根拠にしました。全国で三〇〇〇家系を調査したといいます。統合失調症——当時は「精神分裂病」——といわれている人、あるところでは知的障害、あるところでは人格異常、あるところでは自殺した人がいるということも「遺伝性」という考え方の根拠になっていました。

しかし、これに猛反対する医者のグループがいました。一九三八（昭和一三）年五月一三日、読売新聞「時代の要望、斷種法を猛爆撃」「精神病学の権威金子博士が近く委員会で反対声明」という記事をみてみましょう。金子準二は、「この国民優生法は医学的に根拠がない」と反対しました。ただこんな法律ができたら、本来治療を受けるべき人が精神病院にこなくなる、というわけです。ただでさえ日本は戦前、精神病院が少なかった。精神医療が一層遅れるとして反対したわけです。この反対が大きなキャンペーンになり、新聞で反対論が取り上げられ、当時の帝国議会に法案が提出された時、議員から断種法反対論が多くでました。「精神病の遺伝性が医学的に検証されていない」、「医学的には別の議論がある」、「精神病が遺伝性だったら遺伝性疾患がもっと増える」、「遺伝性という概念に当てはまらない」といった医学的な反論を医者たちがして、議員もそれを根拠に「国民優生法は根拠がない」と主張しました。

当時は戦争中ですので、反対論のなかには、「国民は天皇の子どもだ」、「天皇の子どもを断種するとは何事だ」という反論もありました。当時は家制度が強固でしたので、家に断種するような人が出てきたら、この家は絶えてしまう、結婚にも差し障りがある、それは避けたい。このような保守的な考え方から、科学的根拠を含めて長い時間をかけて議論されました。これに対して、厚生省は何としても法案を通したかったので、いくつか譲歩しました。「優生学的な理由で中絶できる」と入れてあったのを削除し、断種法の一番の目玉である「強制不妊」の規定である国民優生法第六条の施行を凍結するなどしました。

●国民優生法下での「優生手術」

国民優生法のもとでの「優生手術」はどういうものか。国民優生法には、ハンセン病を理由とした不妊手術と中絶を認める規定はありません。にもかかわらず、戦前からハンセン病に関しては、療養所の中で法的な根拠なく不妊手術が進められてきました。中絶もされていました。驚くべきことに、そこでの実績を国民優生法案の提出の時、不妊手術は安全であるという説明に使っていました。ただし、国民優生法での不妊手術の対象は遺伝性疾患ですから、感染症であるハンセン病を国民優生法の中に入れるのは論理的におかしいわけです。もし国民優生法が成立してしまうと、ハンセン病の人への不妊手術は違法になってしまいます。だから国としては合法化したかったのです。国民優生法に入れられなかったので、癩予防法の改正で対応しようとしました。しかし結局、改正はできませんでした。そこで戦後は優生保護法の不妊手術の対象にハンセン病を入れました。国民優生法でできなかったことが、優生保護法で合法化されたということになります。

国民優生法では不妊手術を強制はしないけれども、任意で本人の承諾、または家族の承諾をとって、医者が審査を地方長官（現在の都道府県知事）宛に申請することになっていました。地方長官は優生審査会の意見を受けて、手術の適否を決定します。遺伝性であるかどうかについて、申請した医師の判断が間違っていることもありえます。優生審査会で「これは遺伝性でない」と判断されれば、不妊手術はできないことになります。

国民優生法では、本人申請による手術も含めてすべての申請を委員会にかけていました。結果として認可数は多くありませんでした。ある調査では、戦後の一九四八（昭和二三）年まで含めて、国民優生法では三万一七一六人が申請して認可されたのは二一六二人、一割弱です。これには、いろいろ理由があると思います。全部を審査すると時間がかかります。「ノー」と言われた人が多いというより、審査が間に合わなかった可能性があります。しかし優生手術を推進したい人たちは、すべて申請するのでは効率が悪いので何とかしたいと思います。戦争が終わり敗戦になると、国土は壊滅状態、植民地も失います。旧植民地や支配地域であった「満州」からも、人々が引き揚げてきます。出征していた人たちも同様です。生産力もない、住むところもない、食べ物もない、社会は混乱している。その中で人口が急増します。敗戦直後の日本は人口収容力、人口を養う力がない状態でした。

●敗戦と「民族復興」

人口の急増は「日本の復興にかかわる」という危機感がありました。芦田均という当時の厚生大臣、この人は比較的リベラルな人ですが、「国民優生法は封建的色彩が濃厚なものであって、生ぬるい。科学的基盤の上にプランを立てて復興の理想を達成しなくてはいけない」と、厚生行政の課題の中に、国民の「優化」というキーワードを入れています。優生保護法ができる前、引き揚げの際にレイプされ妊娠した女性を、国が組織的に中絶していたという事実もありました。

また、「新人口政策基本方針に関する建議」（一九四六年一一月）という当時の人口政策の重要な意見書があります。「第四、優生政策に関する事項」の中で、優生保護法に取り入れられたものとして、「強制断種規定の実施」というものがありました。国民優生法を改正することで、医師が遺伝病者の存在を地方長官に届けられるようにする、遺伝病者が妊娠した場合、中絶できるようにするなど、これらは「優生政策を強化しよう」という要望です。これが優生保護法で取り入れられました。

優生保護法案が最初に提出されたのは、一九四七（昭和二二）年、社会党の参議院議員たちによってです。「産児制限運動」は主に避妊を推進する運動だったのですが、そういう人たちや議員が中心となりました。第一条に「この法律は、母の体の生命健康を保護し、且つ、不良な子孫の出生を防ぎ、以て文化国家建設に寄与することを目的とする」とあります。「不良な子孫の出生」という表現は、ここで出てきました。「不良な子孫」として何を想定していたか。本人の同意に基づく「任意断種」に関して、「遺伝性精神病」、「遺伝性精神薄弱」は国民優生法にあったものですが、新たに「悪質な病気や性格」、「酒精中毒」、「根治しがたい梅毒」をもっていて子どもに悪い影響をおよぼすおそれがある場合、「病弱者・貧困者・多産者で子が病弱化劣悪化のおそれがある」場合もつけ加えられました。

このように、病気だけでなく、貧困も子どもの「病弱化劣悪化」という表現に結びつけられています。「強制断種」の方は「犯罪的性格」が子に伝わる、「公益上必要な場合、癩収容所所長が収容者の子孫への遺伝を防ぐ」。ハンセン病は感染症のはずが、遺伝をするかのように表現されています。

優生思想に「右」や「左」は関係ありません。科学的でリベラルで幸福を追求するところに潜んでくることもあるわけです。この議員たちに全く悪意はない、「これが必要だ」と思って提案しているのです。実際に成立したのは一九四八（昭和二三）年に提出された優生保護法案です。保守も含む超党派議員が提案し、谷口弥三郎という保守である民主党の産婦人科医が大きな役割を果たしました。提案にあたり、厚生省、法務庁等と相談したといいます。

谷口さんはなぜ「優生保護法が必要だ」と考えたか。日本は復興するためにまず産児制限をしないといけない。子どもを計画的に産むのは、学歴があって経済的に余裕のある優れた階層であり、こうした人たちには子どもをたくさん産んでもらわないといけない。一方、下層の人たちは産児計画をせず、子どもを多く産む傾向がある。これを放置すると逆淘汰がおこり、人口の質が悪くなる。谷口さんは、戦前からのこうした考え方を引き継いでおり、浮浪児の八〇％は「低能児」という言い方をしています。とにかく今、遺伝性の劣悪な素質をもつ人たちはたくさんいる、その人たちに対して「優生的な対処をすべきだ」という発想です。

民主主義を進めたＧＨＱが、占領期にこのような法律をなぜ許したのかという質問をよく受けますが、当時のアメリカには「断種法」がありましたし、「強制不妊手術」も行われていました。占領軍は医学的に適当か否かなど、細かいところではチェックしていました。しかし総論でいうと強制不妊手術を積極的に妨げることはありませんでした。

日本国憲法との関係をみると、当時、「本人の同意なく不妊手術をするのは人権を著しく妨げる行為である」という認識は厚生省ももっていたわけです。厚生省は当時の法務庁に、「日本国憲法と抵触しないか？」と照会しています。これに対して法務庁は、「問題ない」と答えています。日本国憲法の人権に関する第一二条、第一三条には、「公共の福祉」という言葉があります。「対象者の人権を制限しても、優生は公共の福祉のためだから問題ない」と判断されたのです。優生手術の決定に本人が従わない場合はどうするか。身体拘束、麻酔をかける、「欺罔（だます）」等の方法をとっても「問題ない」と法務庁は認めました。これが、一九五三（昭和二八）年、知事宛の通知に書き込まれ、一九九六（平成八）年、母体保護法に改正されて優生条項が削除されるまで、ずっと有効でした。

●優生手術の規定の比較と運用

次にナチス断種法、国民優生法、そして優生保護法の規定を比較します。ポイントは、優生保護法が一番幅広く、優生的な不妊手術をできる法律だったということです。実際どのように運用されていたか。優生保護法は「優生手術」の他に三本の柱があるのですが、今回は「優生手術」の話を中心にします。手術の方法は卵管や精管を縛ったり切ったりするもので、母体保護目的の人も含めて一九九六（平成八）年までに八四万五〇〇〇件、その九八%が女性です。ほとんどは優生的な理由ではなく母体保護ですが、外国の状況を見ると、生活保護の支給と引き換えに中絶させられ、かつ中絶と一緒に不妊手術をさせられることがあり、アメリカではそれを批判する運動がありました。日本でも、そういうケースが「母体保護」に含まれていた可能性があります。

優生学的な理由によるものは本人の同意を必要とする第三条一〜三号、本人の同意を必要としない第四条および第一二条で、合計二万四九九一件とされているのですが、二〇一八（平成三〇）年の調査で数が増えていることがわかっています。優生保護法の「優生手術」の第三条には、「本人もしくは配偶者に遺伝性精神病質、遺伝性身体疾患、遺伝性奇形。または配偶者に精神病または精神薄弱。二．本人または配偶者の四親等以内の血縁者に、遺伝性精神病、遺伝性精神薄弱、遺伝性精神病質、遺伝性身体疾患、遺伝性奇形がある場合」とあります。

このように、手術の対象になったのは本人だけでなく、自分は病気がないが、配偶者に、あるいは四親等以内に対象となる疾患等をもつ人がある場合は不妊手術を認めていました。これが約七〇〇〇件です。ハンセン病の人が一五五一件。ハンセン病を理由とする不妊手術は任意ですが、実質、ハンセン病の人は施設の中でしか治療されない政策になっていましたから、事実上強制的で「ノー」といえない環境です。第四条、「遺伝性」という理由で不妊手術をするのが、一万四五六六件。これも今後の調査で数が変わる可能性がありますが、このリストに載っているものは「強制不妊手術をしていい」となっています。また、「顕著な犯罪傾向」という表現が一九九六（平成八）年まであり、精神性の非可逆的障害が筆頭に上がっていますが、ここにあげられている身体性疾患や「血友病」、「色盲」、こういう病気の人も、身体拘束してでも強制不妊手術できる対象になっていたということです。

次に第四条の審査の手続をみます。医師が申請し、都道府県の委員会で手術の適否を決定します。不服があった場合、中央の厚生省に訴えて委員会に申請します。さらに不服なら提訴できるとあります。裁判で最終的に「この人は手術をすべきだ」となると、本人が不服でも強制的に手術を実施してよいことになっています。優生手術申請書、健康診断書、遺伝調査書を申請の時に医師がつくります。遺伝調査書の中に「遺伝病にかかった者」の他、「自殺者」、「行方不明者」、「犯罪者」、「酒乱者」等についても記入します。これが遺伝性精神病とか知的障害にかかわる要素だと認識されていたということです。

どういうメンバーが都道府県で審査会に入っていたか。医師も入っていますが、家庭裁判所の人や更生保護委員会の人とかもいます。ここには必ずしも専門的に遺伝性疾患を判定できる人は入っていません。申請する医師も専門的な立場から遺伝性疾患かどうか、必ずしも医学的に判断できるわけではない。つまり、優生保護法では、遺伝性疾患であるかどうかを科学的に判定する仕組みにはなっていなかったということになります。

●優生条項の削除に至るまで

優生条項の削除の過程には障害者運動がかかわりました。一九七〇年代に優生保護法改正案を国会に提出した政府は、胎児に障害があったら中絶してもよいことを認める胎児条項を入れようとしました。これに対して、「青い芝の会」という脳性マヒの若者の会が、「障害者には生まれる権利はないのか」と反対運動をしました。ここで、「優生」は「障害者の生存の権利にかかわるものである」という問題提起がされた結果、この法案は撤回されることになり、その活動が注目されて、優生は障害者差別の概念である、とみなされるようになりました。

七〇年代、八〇年代にも厚生省の役人や医師たちが「優生」という考え方はまずい、とか「疾患リストはおかしい」と公式に発言しています。けれども優生条項の削除にはいたらず、結局、一九九六（平成八）年までもちこしてしまいました。一九九六（平成八）年には、「障害者の権利」「生殖の自己決定権にかかわる権利」が、日本の政策にも取り入れられるようになり、優生条項を削除する形で改正されました。母体保護法は、優生保護法全三四条のうち二一条が削除された、残り一三条でできています。しかし、胎児条項の扱いをどうするかも含め、重要な論点が残されています。

二〇一六（平成二八）年の相模原の津久井やまゆり園事件では、再度「優生思想」が注目されました。そして二〇一九（平成三一）年一月、初めての強制不妊手術の提訴があり、それをきっかけに新聞も注目し、優生手術の実態が明るみに出てきました。たとえば、読売新聞のデータベースで「優生保護法」を検索すると、二〇一八（平成三〇）年の記事数が突出しています。各紙の社説にも取り上げられ、保守系の全国紙もふくめて、「強制不妊手術の被害者を救済すべきだ」という論調で一致しています。また、与党や超党派の議員連盟も二〇一九（平成三一）年一月召集の国会で救済法案を提出しようという流れになっています。

今後の課題としては、精神医療と強制不妊手術の関係を明らかにする必要があります。また、先端医療でもゲノム編集の倫理問題との関わりで、優生保護法の問題を意識しなければなりません。つまり、優生保護法のもとでこれまでどういうことがあったかを、きちんと検証すべきであると考えます。ご清聴ありがとうございました。

（第32回花園大学人権週間・二〇一八年十二月六日）

日本における精神疾患の早期治療・早期支援は若者に最善の利益をもたらすか？

三品桂子

●はじめに

臨床心理学科の三品です。「日本における精神疾患の早期治療・早期支援は若者に最善の利益をもたらすか？」というテーマでお話をさせていただきます。日本で、自分の心の健康や周りの人の心の健康が損なわれた時、どのような経過をたどるかを知っていただきたいと思います。

あなた自身が若者だったとして、自らが精神的な不調で眠れないことが続いたり、時には恐ろしい声で「死ね、死ね」とか、「ブス」とか「デブ」とかの声が聞こえてきたり、「世界没落体験」というのですが、地球が壊滅してしまいそうに思えたり、道路がワーッとうねって突然、崩れ落ちていくというような体験をしたりして、外出できなくなったりすることが起こったとしたら、みなさんだったら、どうされるでしょうか。みなさんの身近な若者やクラスの学生からそんな相談を受けるとか、そういう人がいたらどうなさるでしょうか。

こんな時、日本では気軽に相談に行けるところがないというのが実態です。花園大学だったら学生支援室に相談に行かれる方もおられるでしょうけれど、残念なことに花園大学の学生支援室に精神保健福祉士はいません。多くの大学が精神保健福祉士を配置するようになってきていますが、なぜか花園大学には配置されていません。

私は、花園大学に着任してからも、適切な医療にかかれず重い症状になってしまわれたり、病気でもないのに強い抗精神病薬を処方されて、体がだるくて授業中に眠ってしまったり、起きられなくなって困っているとの相談を受けることがあります。ここでは二つの事例をお話しします。

一例目、あるお母さんの話です。息子さんのA君が、中学二年生の時不登校となり、引きこもるようになりました。どこに相談していいかわからないなかで半年が過ぎ、ためらいながら精神科診療所につれて行かれました。その時は、医師から「様子を見ましょう」と言われたので、そのまま様子を見ていたら、結局、息子さんは登校することなく中学を卒業し、一八歳の時、統合失調症と診断されてしまったというのです。

お母さんは「あの時、治療を開始していたら入退院を繰り返さなくてもよかったのではないか。こんなふうに重症にならずに済んだのではないか」と自責の念にかられて、息子さんが重い精神疾患になってから相談に来られました。お母さんは泣き崩れていらっしゃいました。中学校の時は不登校と見られていて、精神科診療所では「精神病を発病しているかわからないので様子を見ましょう」と言われました。しかし、その後のフォローを誰もしなくて、A君は精神疾患を発病して何回も入退院を繰り返すことになってしまったというのです。A君だけでなく、このような例が日本では少なくありません。

もう一つの事例をお話しします。私は以前、京都府の思春期精神保健研究会の事務局を担当していたことがあり、その関係で養護教諭の方からの相談を今も受けます。ある養護教諭の方からの相談です。身体がだるいと訴え、気力をなくしていた高校一年の女生徒B子さんを、養護教諭がスクールカウンセラーに紹介しました。スクールカウンセラーは精神疾患を疑い、知り合いの精神科医に受診を勧めました。その結果、B子さんは抗精神病薬を飲みはじめるようになります。顔は能面のようになり、教室にいても寝てばかりです。養護教諭の方は「本当に投薬は必要なのでしょうか?」と尋ねて来られました。

「あの投薬はなんかおかしいと思うのですが、カウンセラーから勧められた精神科医ですし、私も自信はないので『おかしいのではないか』などとは言えません。どうしたらいいですか?」と相談を受けました。最近、スクールカウンセラーを通して精神科医に紹介される場合があります。その結果、思春期青年期の患者さんをたくさん診察した経験のない精神科の先生が、「病気かもしれない」と抗精神病薬を投与されることが少なからずあるのです。

A君の場合は様子を見守り続ける専門職が身近にいれば、また若者に対する訪問サービスがあれば、重度化を防げたかもしれません。日本には若者に対する精神科アウトリーチ（訪問）の制度は今のところありません。保健所が訪問してくれるところもありますが、継続的に訪問するサービスはないのが実態です。

B子さんの場合は養護教諭の方が大学に来てくださったので、私がお母さまにお目にかかってお話を聞くと、処方されている薬は統合失調症の薬でした。私は統合失調症ではないような気がしたので、「思春期青年期専門の精神科の先生にご相談されたらどうですか？」とお勧めしました。するとお母様は「今の主治医に黙って、他の先生のところなんてよういきません」と不安そうに答えられました。「医師を選ぶのは患者の権利ですから」と時間をかけて説明し、受診先を変更していただきました。結果、診断は「適応障害」ということで、服薬内容を変更していただき、そのクリニックで投薬だけでなく認知行動療法を使った家族療法をやっていただきました。やがてB子さんは授業を受けられるようになり、大学にも進学され、治療も終了しました。

こういう相談は、大学に勤務するようになってからも何例かありました。若者のための精神病早期治療・早期支援サービスがないために適切な治療を早期に受けられない、あるいは思春期青年期を専門とする精神科医が少なく、心理療法、家族療法、環境調整は行われず、安易な抗精神病薬の投与がなされてしまっている実態が日本にはあるのです。

日本の若者を対象とした精神保健福祉サービスが少ないことが、事例のような苦しみを生み出しています。若者を対象とした精神保健サービスが少ない理由を考えてみましょう。Bさんの場合、スクールカウンセラーが紹介されたところまではよかったけれど、スクールカウンセラーが紹介した先の精神科医が適していませんでした。つまり思春期青年期専門の精神科医ではなかったのです。

若者を対象とした精神保健福祉サービスが少ない理由の一つ目は、日本では思春期青年期を専門とする精神科医が他国と比べて少ないことです。二つ目にカウンセラーと精神科医の連携が乏しいことがあげられます。カウンセラーの方がどこにどんな医師がいるか、ご存じないのです。三つ目はよく訓練された多職種アウトリーチサービスがないことです。諸外国では訪問してサービスを届けます。それも医師、精神保健福祉士、看護師、作業療法士など多職種がチームを作って出かけていきます。多職種チームは、若者のためのチーム、成人のためのチーム、高齢者のためのチーム、ホームレスのためのチームなどがあります。日本では、医師の診断が出る前に専門職が訪問するサービスがないために、どんなに疾患が重くても家族は病院につれて行かなければならず、そして入院させざるをえません。このように施設・入院中心主義が今も続いているのです。

四つ目は、一昔前には学校教育の中に精神保健教育がありましたが、いつの間にかなくなってしまい、そのために若者が精神疾患や心の健康に関する知識を持たなくなっていることです。幸いこの問題は、多くの人々の声を受けて、二〇二二年の高校の学習指導要領の改訂に伴い、保健体育の「現代社会と健康」に「精神疾患の予防と回復」の項目が盛り込まれることになっており、少し改善されます。五つ目は、国民全体の精神保健福祉の知識が乏しいということが挙げられます。そのため児童や若者の心の健康問題に関しても国民はどう対応してよいかわからないままだったのです。

●世界一精神科病床の多い国　日本

日本は世界一精神科病床が多い国です。これは自慢できることではありません。世界の先進諸国が精神科病床を減らし始めた頃、日本の精神科病床は増え始め、未だに増えたままです。多くの国の精神科病院は公的機関が運営していますが、日本はほとんどが民間病院の経営です。病棟を埋めなければ採算がとれないため、病床を減らすことができないのです。京都の場合、一病棟あたり三〇〇病床を維持しないと精神科病院はデットラインとなり倒産します。そしてその病床の七割を埋めないと潰れてしまうのです。このような医療経済があるために、入院が必要でない人でも時には入院させられてしまうという状況が起こります。今、その犠牲になっているのは高齢者の方々です。認知症圏内の人びとが精神科病棟に入院しているという実態があります。

世界一病床が多いということは、日本の精神疾患の人は諸外国の人と比べて重症なのでしょうか。決してそんなことはありません。諸制度がないために入院して生活するという形になっているのです。長期入院、あるいは入院治療が必要でない人を精神科病院に収容していることに対して、日本は国連から何度も勧告を受けております。日本の人口一〇万人当たりの精神科病床は二六九床です。ベルギー一七五床、オランダ一三九床、アメリカ二五床、イタリア一〇床で、経済協力開発機構（Organisation for Economic Co-operation and Development：OECD）加盟国の精神科病床の平均は六八床です。ＯＥＣＤは以下のようにコメントをしています。「患者の人的資源を支える住居が不足している。入院者の人数分だけ日本では住居を準備する必要がある」。もう一つは「精神障害に対する社会の認識を変える必要がある」（ＯＥＣＤ、二〇一四）。この二点を厳しく勧告していますが、なかなか改善されません。

●若者の精神病様症状体験

私は、二〇〇一年に花園大学に着任した時から、「精神疾患の早期治療・早期支援」が日本の大きな問題であることは知っていたのですが、他のことに専念していて研究することができていませんでした。今、退職が近づいてきて、何とかこの課題に関して問題提起をしようと考えて三年前から調べ始めたところ、大変な状況になっていることがわかってきました。「精神病」という言葉が好きではないので「精神疾患」という言葉を使いますが、ほぼ同じ意味で本日は使っています。精神疾患は生涯で五人に一人が罹患する病気です。決して珍しい疾患ではありません。そのうちの半数は一四歳までに、四分の三は二四歳までに発病します。したがって大学生は発病しやすい時期にあたります。

思春期青年期の人が、ある日、「見えないものが見える（幻視）」、「お化けとか、誰々さんの姿が見える」とか、「誰かに監視されている（妄想）」とか、「他の家族には聞こえない声が聞こえてくる（幻聴）」などと訴えたら、家族はどのように対応したらいいのでしょうか。ほとんどのご家族は戸惑われます。「まさかうちの子に限って精神病であるはずがない」ということから始まります。
「思春期の精神病様症状体験」について、東京都医学総合研究所の西田氏らが調査をされました（西田ら、二〇〇七）。T市内の公立中学校全生徒五三三五人（一二～一五歳）を対象にした調査です。調査実施日の欠席者数二〇五人を除く五一三〇人に調査協力を依頼し、有効回答数が五〇七三人でした。結果、一五・二％の子どもに精神病様症状体験がありました。この中には長欠の生徒は含まれていませんので、これ以上に高い割り合いの人が体験しているのではないかと西田氏らは述べています。不登校の生徒の中にはこういう症状を持ち学校に来ることができない方もいるのではないかということです。

調査からこういう実態が浮かび上がってきましたが、これはあまり不思議なことではありません。意外と人間の脳は妄想や、幻の声を聞いたり、幻の臭いを嗅いだりすることはあるのです。本日、参加してくださっている方の中でも体験された方が一人、二人、三人程度あってもおかしくはありません。精神保健福祉士や臨床心理士になっている人はこういう体験にやや近い経験をしたり、繊細な感覚をお持ちであったりする方が多いように思います。そういう方の方がこの職種には向いているのかもしれません。

保健福祉に進む学生で、投薬を受けている学生も少なくありません。そうした学生に話を聞くと、ほとんど投薬がいらない学生さんたちです。精神保健福祉援助演習の三回生の講義で、「薬を飲んでいる」と話してくれた学生には、一年くらいで服薬から卒業できるように認知行動療法をやってもらったり、生活リズムを整えてもらったりして、卒業していただいています。脱線してしまいましたが、こういった若者は精神病様症状の体験があってもおかしくはありません。

たとえば「誰々さんがニコッと笑った、ひょっとしたら自分のことを好きなんやないかな?」という経験は多くの方があるでしょう? それは妄想の始まりですよね。私のことを好きに決まっているからといってストーカーやったりはしないですけれど。極めて妄想的になったり、幻の声を聞いたり、「どこかから誰かに呼ばれた気がする」などの体験を私たちはしますが、多くの人は「気のせいかな」と思って片付けます。疲れた時にそれが真実の声になってくるのはありふれた現象であって、一五・二%の中学生が異常なのではありません。この生徒たちがみんな精神病になっていくわけではないのです。幻聴がありながら普通に生活している人もいます。自らを脅かす声や他人に危害を及ぼす幻聴であればドンドン進んでいって病気になっていきますが、意外と精神病様症状体験者はいるものだと西田氏らが調査で明らかにしてくれました。

精神病様症状の体験内容はどの程度で、どういうものがあるのかをもう少し見ていきましょう。年齢では、一二歳では一三・四%、一三歳では一五・九%、一四歳では一五・四%、一五歳では一六・一%で、年齢が高くなるにつれて割合も高くなる傾向がこの調査では出ています。内容は幻聴九・九%、被追跡、被盗聴が七・四%、自分の思考が読み取られるというものが一・五%、メッセージや暗号を受信するものが〇・七%という結果になっています。

一方、一九七二年、ニュージーランド・ダナディンで出生した一般人口標本約一〇〇〇人の追跡調査の結果では、一一歳児の精神病様症状は約一四％、そのうち特に強い症状を有した三％の群は二六歳までに二五％が統合失調症を発症したという結果が出ています。七〇％は少なくとも一つ以上の精神病の症状を体験していました。九〇％は社会適応困難や就業困難に陥っていました。一三歳時に症状体験がない群に比べて統合失調症の発症率が一六倍あったとされています。調査では強い症状を有した人はそのまま病気になっていく可能性があるとしています。

図1は、統合失調症の早期支援の道筋を示したものです。

精神病になる前の状態（病前期）、前触れの症状（前駆期）がある時期を経て、発病します。発病した後から二〜五年間を臨界期と言い、発病してから治療に結びつくまでの五年間が最も大事な時期と言われています。二〇〇一年にイギリスのバーミンガムに行ったときに、Birchwoodというイギリスの心理学の先生からお話を

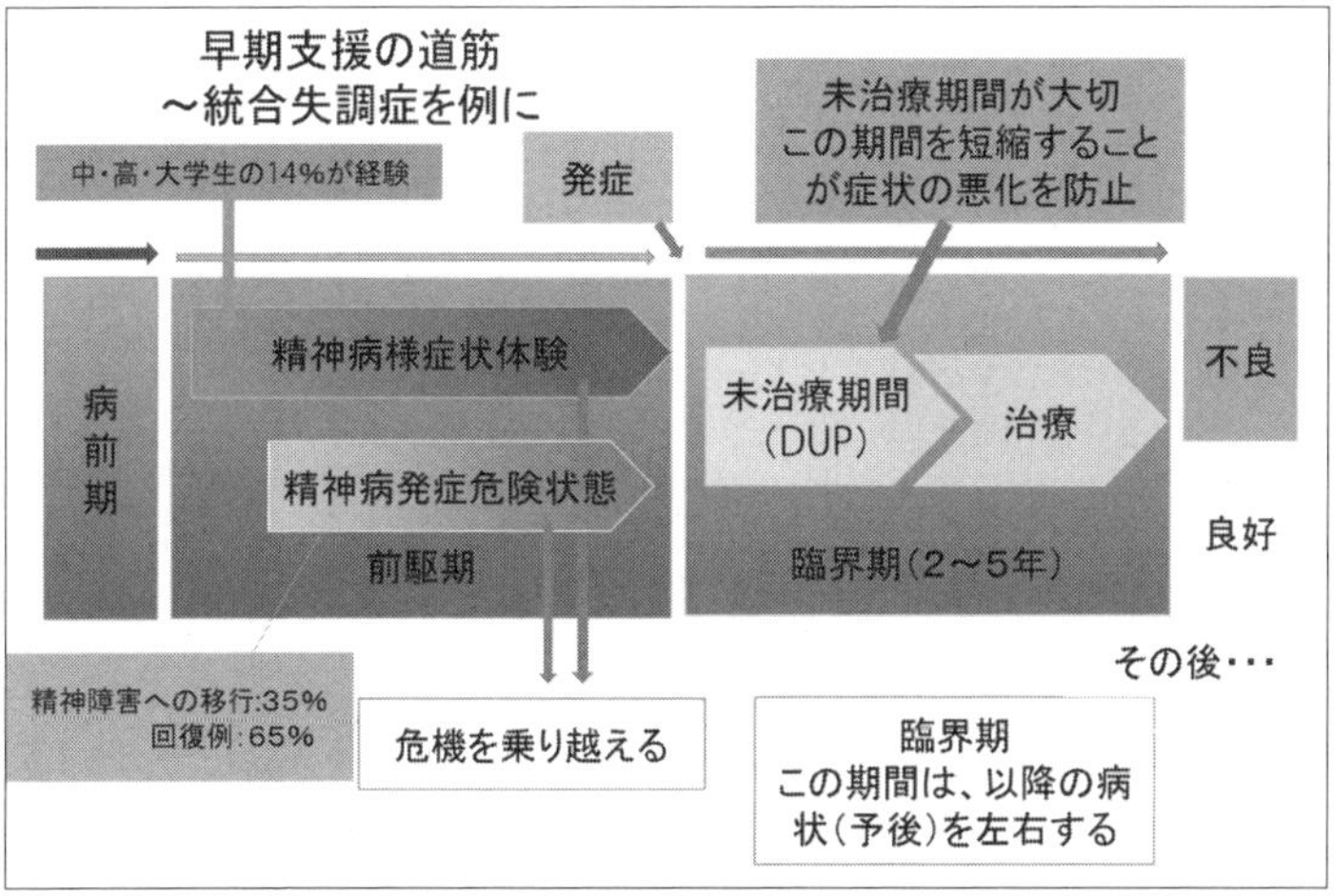

図1 H20年度厚生科学研究「思春期精神病理疫学と精神疾患の早期介入方策に関する研究」一部改変

聞く機会がありました。この臨界期のかかわりが大切であることをBirchwood教授から聞かせてもらい、「発病してから五年間の治療で精神病の悪化を防ぐことができる」ことを学びました。

精神病様症状のある人たちが、すべて精神病を発病する危険状態になるわけではありません。精神病の発症危険状態から三五％の人は病気に移行しますが、六五％は移行せず、危機を乗り越えることができるのです。早期発見、早期介入によって、この時点で見守りながら、精神病に移行する率を下げることで重症率を減らしていくというのが、早期支援の考え方です。前駆期をきっちり見守り、ご家族や学校の先生と連携をとって授業を受けやすくしたり、ストレスフルに陥ることを防いだり、認知行動療法や家族療法をして重症率を少なくしていきたいと私は思います。

発病してから医療に結びつくまでの「未治療期間」が、日本の場合一・五年と他国より長いのです。発病した時点で早く治療すればするほど悪化を防止できると考えられ、この時期に丁寧な治療をすることによって病気の予後を良好にすることにつながるといわれて、世界では取り組みが始まっています。丁寧な治療とは、投薬をするだけではないのです。これは後ほどお話しします。早期治療を開始し精神科病院に長期入院することを防ぐ方法はあるわけで、「早期発見、早期治療」は大事な考え方であるわけです。ただそこにはいくつかの問題があります。

発病したかもしれないとき、若者も家族も戸惑い、衝撃を受けます。若者は奇妙な体験に戸惑います。気になって眠れなくなります。授業に集中できなくなります。そして若者が最も相談するのはお父さん、お母さん、先生ではなく、友だちなのです。本日、出席してくださっている学生さんが友だちから相談を受けられたら、しっかり相談を受け止めて「三品先生のところに相談にいったら？」と言ってくださるとうれしいです。そうすることで病気にならずに済むかもしれないし、仮に発病しても軽くて済む可能性があります。

一方、ご家族は不安と心配で否定したり混乱したりして、担任や養護教諭に相談するのが日本の場合多いようです。今、早期治療・早期支援に取り組んでいる専門職は、養護教諭の先生方と連携したいと思っています。また、ご家族はかかりつけ医に相談する場合もあります。ご家族自身が高血圧などの疾患でお世話になっている内科の先生に「実はこんなことで余計、血圧が高くなって」などと相談されることもあります。だから内科の先生に精神科の病気を理解してもらうことも必要となります。残念ながら、日本の若者もそのご家族も、最初は精神科の専門機関、精神科外来、児童相談所の利用はほとんどないのが現状です。

●精神疾患早期介入とは

「精神疾患早期介入」とは、「精神疾患ハイリスク集団に対する発病予防」のことです。発病しそうな可能性のある人の集団に対して発病予防を行います。それは、前触れである「前駆症状状態」に対する発病予防を含めた支援です。また、発病してしまったら、その後、速やかな治療を開始することも意味します。さらに発病後二年間における強力な支援などを「精神疾患早期介入」といいます（野中・植田、二〇〇七）。ただ、Birchwood は発病後、二年ではなく五年が大切と言っています。

「早期」というのはどういう時をさすのでしょうか。初めて精神病状態を呈した初回エピソードの前後、幻聴が聞こえて妄想が激しくなった時、初回エピソードになるリスクが高い「こころのリスク状態」を指します。この時期に支援と治療を提供するサービスのことを「早期介入サービス」といいます。Birchwoodらは「臨界期仮説」として、特に精神病発病後の数年間（五年程度）がその後の中・長期的な疾患が起こることを決定づける重要な時期であり、早期に治療して五年間しっかりと保っていくことによって予後が変わっていく、という仮説を立てています（Birchwoodら一九九八）。

では、「精神疾患早期介入の歴史」を簡単に説明します。一九八九年、イギリスの北バーミンガムで世界で初めて精神疾患早期介入は誕生しました。一方で、一九九二年、オーストラリアでMcGorryらが「地域精神・医療チーム」として初めて導入したので、研究者の中にはMcGorryらが最初だと唱える人もいます。その後、早期介入は、北欧、ニュージーランド、アメリカ、カナダ、ドイツの一部の地域でも取り組まれていますし、アジアでもシンガポール、香港、韓国の一部でもすでに取り組まれています。

●精神病早期支援宣言

次に「精神病早期支援宣言」についてお話しします。これは、二〇〇四年、ＷＨＯと国際早期精神疾患協会の共同で採択された宣言です。「早期精神疾患のある人々とその家族に提供すべき包括的で効果的な、五年後に達成すべき目標」と、「早期精神疾患のある人々の支援目標を達成する五年戦略行動」の二つの提言からなります。WHOが早期精神疾患の疑いのある人々に早期から支援することが世界の精神保健に関して大事なことだと、共同宣言を出したわけです。そのなかでは、「医療だけでなく生活支援も含めた包括的なプログラム」を提供することの重要性を述べています。

「早期精神疾患のある人々とその家族に提供すべき包括的で効果的な、五年後に達成すべき目標」では、具体的に表1のような六点を挙げました。最初に、包括的なプログラムを提供することとし、次に治療にアクセスしやすくすることを掲げています。これは、精神科病院などスティグマを植え付けるような機関ではなく、若者が受診しやすい場所や自宅に出向いて治療を行うことを目標にし、治療も服薬中心でないことを重視しています。四番目の「リカバリー」とは、疾患や障害をもちながらも、自分らしい人生を希望をもって生きていけるように促進することです。

また、家族に対するかかわりと支援を挙げていることも見逃してはなりません。日本では、家族は精神疾患の若者の世話をすべき存在と考えられてしまいがちです。この宣言では、家族もケアが必要な人々であることを謳っているのです。精神疾患だけでなく、認知症や発達障害など、ケアを

表1　早期精神疾患のある人々とその家族に提供すべき包括的で効果的な、５年後に達成すべき目標（三品訳）

包括的プログラム
治療へのアクセス、かかわり、治療を改善する
地域社会の関心を高める
リカバリーを促進する
家族に対するかかわりと支援
精神保健サービスに従事する職員に対するトレーニング

必要とする人をもつ家族はストレスフルです。そのようなストレスフルな日々を過ごしている家族に対して、家族が満足できるようなかかわりをしなさいと書かれています。イギリスにはケアラーズ法があり、家族は支援を受ける権利を有しているとされ、「家族は支援チームの一員であると同時に支援を必要とする人」と謳われています。特に精神病を発病した時に家族は動揺しますから、WHOではそこをしっかりサポートすることを目指しています。

表1の最後、「精神保健サービスに従事する職員に対するトレーニング」を目標にしているのは、今までのやり方だけでは若者のケアはできないので、「特別なトレーニングをしなさい」と、強調したのです。

「早期精神疾患のある人々の支援目標を達成する五年戦略行動」では、表2のように一〇点を挙げています。

プライマリーケア（かかりつけ医）が治療を提供します。日本と医療制度が異なり、イギリスなどでは、国民はすべての疾患を、かかりつけのホームドクターに診てもらいます。すなわちホームドクターが高い知識と技術を持っていて、精神疾患も含めて、歯科以外の疾患の早期治療も行うので、日本のように精神科診療所や精神科病院に行く必要がなく、「早期発見と地域を基盤とする包括的精神保健サービス」があるのです。若者は精神科病院を受診するだけで、心に傷を受けます。早くわかった時点で、そこで提供できる治療を行い、若者は精神科病院にいかなくていいのです。

二点目は、抗精神病薬と心理社会的治療を利用できるようにします。どうしても薬が必要な時は

表2　早期精神疾患のある人々の支援目標を達成する5年戦略行動（三品訳）

10の包括的な戦略提言
1. プライマリーケアで治療を提供する：早期発見と地域を基盤とする包括的な精神保健サービス
2. 抗精神病薬と心理社会的治療を利用できるようにする
3. 地域でケアを行う：最も非制限的で最も非強制的なサービスアプローチへ移行する
4. 一般の人々を教育する：精神疾患の早期発見とマネジメントの改善の重要性と機会について理解を高める
5. 地域、家族、サービスの消費者と一緒に行う
6. 国家的な政策、プログラム、法律を制定する
7. 人的資源を発展させる
8. リカバリー概念の浸透を図るために他の部門と連携する
9. 地域精神保健をモニターする：これは早期精神疾患に関連する重要な指標である
10. さらに研究が進むよう支援する

少量出しますが、心理社会的治療を利用できるようにすることが五年間の目標でした。三点目が地域でケアを行なうことです。最も非制限的で最も非強制的なサービスアプローチに移行します。若者が混乱した悪い状態であっても、基本的に、できるだけ制限せずに、その人が住む家で家族に見守られながら行えるサービスを提供しなさいといっています。四点目は、「一般の人々を教育する」ことを挙げています。「精神病の早期発見とマネジメントの改善の重要性」についての理解を進めるために、国全体あげて啓発活動をやりなさいと書かれています。五点目は、このような改革は、地域、家族、サービスの消費者とともにやっていくことを提言しています。六点目は、この改革のために国家的な政策、プログラム、法律を制定することを提言しています。七点目は、人的資源を発展させることです。

八点目は、リカバリー概念の浸透を図るため、他の部門と連携してくださいと書かれています。そしてこれらのことを五年間でやり遂げ、早期精神疾患のある人や家族への包括的で効果的な支援が確実に実施されたかをモニターしましょう、と提言しています。最後に、さらに研究が進むように支援するとのことです。二〇〇四年に「五年間で、これを達成しましょう」と掲げたわけです。そして、イギリス、オーストラリアなどはこれをやっていきました。

●イギリスの精神保健医療の実態

それでは日本の実態と比較するため、ここからは、イギリスの精神保健についてお話をしながら、日本はどうしていったらいいかを考えてみたいと思います。

イギリスはブレア政権（一九九七 - 二〇〇七年）の時期に、メンタルヘルス、精神保健政策が進展しました。サッチャー政権（一九七九 - 一九九〇年）では、サッチャーは「鉄の女」と言われ、医療費の削減を断行し、優秀な医師や看護師はイギリスからどんどん流出していき、精神保健サービスが荒廃しました。ブレア首相は、医療の荒廃が問題だと考えて、「障害調整生命年（DALY）」で、がんと心疾患に加え、精神疾患を三大疾患の一つと位置づけ、精神保健医療を改革事項の最優先にしました。

少し話は外れますが、日本の厚生労働省は、数年前に五大疾患の中に精神疾患を入れましたが、精神保健医療の改革にはほとんど手をつけていません。それと比べると、ブレア政権は一九九九年に「精神保健医療改革」の案を出して、最初に精神保健改革に取り組んでいきました。

イギリスの医療制度は、ニュージーランド、オーストラリアもそうですが、一部の薬代以外は自己負担なしに治療を受けられることになっています。一次医療は、GP（かかりつけのホームドクター）が担います。ホームドクターは総合診療ができる医師ですが、そこに登録して、どのような疾患も最初はその医師に診ていただきます。どのような疾患も診察してくれるので便利です。精神科も腹痛も骨折も診てくれます。このように軽易な疾患を治療できる医師が地域にいて、住民は自宅、もしくは職場に近いかかりつけホームドクターに登録しておきます。例えば私なら大学の近くにある診療所に登録しておくと、そこで診察を受ける場合はまったくお金はかかりません。

カルテ（診療記録）は全国統一になっていまして、私がここ京都で精神疾患の治療を受けていて、東京で具合が悪くなっても、東京のどこかで受診したら、そこの医師がパッと電子カルテを開いて「京都の○○診療所ではどういう投薬を受けていたか」がわかるのです。

かかりつけのホームドクターがいて、精神疾患も最初はそこで診察を受けます。おなかが痛くなったのと同じようにその医師のところに相談にいきます。その医師が「これは自分では無理かな」と思ったら、専門の地域精神保健チームであるメンタルヘルスチーム（二次医療）に紹介します。その中に早期支援チームもあるのです。三次医療として精神科病院があります。各行政区に一カ所、早期支援チームがあり、二四時間ケアするチームもありますし、高齢の重篤な精神疾患の人を対象とするチームやホームレスチームもあります。これらの二次医療を担うチームは、診療所に登録しながらも診療所に来られない人々の家まで来てくれるのです。チームには、看護師も精神科医も精神保健福祉士も心理士もいて、必要な人に必要な援助をしてくれるので、精神科病院にいくことは稀なのです。

また、精神科病棟も、保健所のように誰でもが利用する公的機関の二階に併設されています。各部屋が個室になっていて、シャワーも備え付けてある病棟が増えています。たまに多くの病床をもつ公立病院がありますが、自転車でいける距離に二〇床程度の小さな精神科病棟があって、誰でも利用しやすくなっています。そこは鍵がかかっていないことが多いのです。日本のように二四時間鍵がかかっている病棟は、触法病棟くらいです。

私は、イギリスのバーミンガムに何度か訪れたのですが、例えば、次のような事例がありました。昨日、父親の頭をガツンと叩いて、父親が外科病棟へ入院せざるを得ないような大怪我をさせた人でも、鍵をかけない部屋に入院しています。鍵をかけられると人間は逃げたくなりますが、いつでも帰れるとなると逃げたりしないのだそうです。

イギリスでは、「精神保健改革」が何度か行われています。

一九九九年に出された「精神保健対策一〇か年計画」では七つの全国基準が示されました。その内容は、①は精神的健康の増進です。②は一次医療における精神保健ケアの充実です。かかりつけのホームドクターがしっかりと精神疾患を治療できるように教育研修を充実し、地域精神科看護師を診療所に派遣します。一次医療を担うホームドクターの中には精神疾患の診察を得意としない医師もおりますので、地域精神科看護師をその診療所に派遣し、ホームドクターと地域精神科看護師がタッグを組むようにしたのです。

③はサービスの利用のしやすさの改善です。できるだけ本人が受診しやすいように改善しよう、ということです。④は専門医療の充実です。⑤は病院と危機対応サービスの充実であり、危機の時、すなわち、突然具合が悪くなった時でも、きちんと対応できるように充実させようということです。⑥は家族支援の強化です。バーミンガムでは、地域で働くアウトリーチチームのスタッフは、全員が行動療法的訪問家族療法の五日間の研修を受講し、家族全員をまるごとサポートしていました。⑦は自殺防止です。日本は、この自殺防止だけは政府が力を入れていますが、うつ病対策程度しかとられていません。イギリスでは、五年間でこの七つの全国基準を達成するように示されました。

それでは、この一九九九年の精神保健改革が、具体的にどういうものだったかを説明します。

イギリスは、イングランド、ウエールズ、スコットランド、北アイルランドから成り立っています。ここではイングランドを例に挙げて説明します。イングランドを小さな地域に分けて精神保健改革を推進しました。日本でいうと行政区のようなものです。今はやや広域になっていますが、二〇〇一年頃は、①重度の人、急性期の人をみる「危機解決／在宅治療チーム」、②朝八時～夜八時まで活動し、看護師もいて治療と生活支援を行う「積極的アウトリーチチーム」、③若者に対するサービスを提供する「早期介入サービスチーム」の三つのチームを各行政区に一つずつ創ることを求めました。

一九九九年の精神保健改革は一〇か年計画でしたが、二〇〇四年に中間地点である「五年間の達成水準」を発表しています。その時点で、①危機解決／在宅治療チームは三三五チームです。これを日本の人口割合に換算すると八四〇チームになります。②積極的アウトリーチチームは二六三チームで、日本の人口割合にすると六〇六チームであり、その七〇％が夕方も週末も対応していました。③早期介入サービスチームは一〇九チームで、日本の人口割合に換算すると二八〇チームです。さらに七〇〇人の家族支援ワーカーがおり、これは日本の人口割合に換算すると一八〇〇人です。家族支援ワーカーとは、行動療法的訪問家族療法を行える看護師やソーシャルワーカーであり、特に若者で精神疾患の可能性のある人や、初発の人たちの家庭に赴き、家族療法を行っていました。

五年間でこれだけのことが達成され、目標よりも早い速度で展開されました。ＮＨＳ（ナショナル保健サービス）は国営なので、国が「やるぞ」と方向性を出せば、確実にその方針が遂行されていくのです。日本の精神科医療のベッドは九割が民間ですから、なかなか地域活動への移行ができないのが実態です。イギリスは国が制度として取り組んでいるところが大きいと思います。

制度もそうですが、専門職の考え方も日本とは異なります。「地域精神保健チーム」という、地域でアウトリーチを行っているチームで働く人の中で多いのは看護師です。精神保健福祉士やソーシャルワーカーは薬物依存とか児童虐待の業務に従事しており、精神保健の仕事をしている人は少ないのです。看護師たちが地域で中心になって働いていますが、日本の看護師とは考え方が違います。「私たちは注射も打ちますが、看護モデルではなく、ソーシャルモデルで働いている」と語り、生活支援を中心に提供するように看護師がトレーニングされているのです。

私が二〇〇一年から四年間通い続けたバーミンガムでは、一九九一年から地域に患者さんたちを戻し始めました。「当時、看護師さんたちに躊躇いはなかったのですか？」と尋ねてみました。すると「一九五〇年代から、イギリスには地域でケアするという思想が流れています。施設神経症といい、施設や精神科病院に人々を長期に閉じ込めると、本来の病気が原因ではない『意欲の低下など施設独特の症状』が出現します。いわば『精神的な床ずれ』のような症状が起こると考えられてきました」との答えが返ってきました。Bartonという人が「施設神経症」と言っているのですが、そのような考え方が看護師たちの間にも浸透していました。看護師も「病院、施設は好ましくない」という考えをもっていて、自分たちが地域で働くのは当たり前だと思っている人たちが多かったので、躊躇いはなかったのだそうです。このような考え方が専門職の間に浸透しているイギリスと、そのような考えがあまりない日本では、地域精神保健の考え方に大きな差が表れて当然でもあります。

●イギリスの早期介入サービス

「早期介入サービスの内容」についてお話しします。

これから表3でご紹介するのは、イギリスでは早期介入としてどのようなサービスを提供すべきかを、統合失調症の影響を減少させる活動（Initiative Reduce the Impact of Schizophrenia : IRIS）を行っている団体が著したガイドラインの内容です（IRIS 2012）。

順番に説明していきます。

まず「アクセス」です。早期に発見し、危機的状況であっても強制入院をしないようにケアする。すなわち、危機的状況で妄想が激しかったり、幻聴が聞こえて「怖い、怖い」と言ったり、窓から飛び下りようとしたりする人に対してでも、強制入院をしないようにケアするサービスを提供するのです。日本の専門職とイギリスの専門職では実力が全く違います。

私がバーミンガムのあるチームのカンファレンスに参加させていただいた例です。事例の概要は次のようなことでした。「昨日、一八歳の女の子がお母さんをトンカチで殴った。お母さんは入院してもらったけれども、本人は警察官と一緒に家にいる。これからどうしよう」。その朝のチームミーティングでの方針は、「まず三人でケアチームをつくって二四時間ケアをしよう。三人が交代で入る。二週間この方法でやってみてうまくいかなかったら措置入院を考えよう」でした。「日本だったら措置入院になる事例だな。どうやってケアするのだろうか」と私は驚きました。

実際に看護師やワーカーが出かけていって「昨日の晩からご飯を食べてない」ということを一八歳の女の子から聞くと、では「まず食事をしよう」という支援が提供されました。「薬を飲みなさい」ではなく、チームのスタッフと警察官が一緒に「今、何に困っているか」を本人と話をして聞き出し、生活支援から開始するのです。その後に本人に納得してもらい注射を打ったり、薬を飲むよう

表３　早期介入サービスは何を提供すべきか

サービス	重要な構成要素
アクセス	早期発見を促進し、地域機関による紹介をすばやくし、治療の遅れを減少させ、危機的状況であっても強制入院を減らす。
アセスメント	年齢にふさわしいサービスや若者が親しみやすいアプローチをする。
個別的なエンゲージメント	最初のサービス経験を最善なものにし、診断よりも症状を管理することによって鍵となる問題に焦点をあてながら診断の不確実性に留意する。また、ニードにあった柔軟で積極的なアウトリーチの原則を適用した意味のある継続的なエンゲージメントを提供する。
家族へのエンゲージメント	全ての早期介入サービスは家族を重視し、ケアチームの一部としての家族を支援すべきである。
個別的な介入	全ての早期介入サービスは、その年齢にふさわしく疾患の段階に応じた介入が提供されるべきである。これらは根拠に基づいた包括的な生物学的・心理学的・社会的介入をいう。また、早期に物質依存の併存や治療抵抗性に焦点をあてる。
精神病のための認知行動療法	認知行動療法は、陰性症状（動機づけの問題や社会的引きこもり）と同様に、陽性症状（妄想や幻聴）のある人々を助けることができる。
家族介入	家族に対して支援を提供することは、早期介入サービスの中心的な要素である。NICE ガイドラインは、家族介入は3カ月から１年にわたり少なくとも 10 セッションを含むことを推奨している。
抗精神病薬	抗精神病薬は科学的根拠に基づいた包括的なパッケージの一部として提供されるべきであり、薬物は若者に対して経験豊かな医師によって注意深く投与されるべきであり、数年間は少量の投薬量で治療をする。抗精神病薬は、心理社会的治療や職業プログラム、そして家族介入も含めて同時に提供されるべきで、できれば早期介入サービスの意図をくんだ専門職によって提供されるべきである。
支援、社会的、教育的、職業的役割	全ての早期介入サービスは、普通の社会的役割を強調し、特に教育を受けたり、働きたいというユーザーの発展的なサービスニーズを大切にすべきである。早期介入サービスは、地域生活を支援する機関と密接なネットワークを構築すべきである。
身体的健康	身体的なリスクを検査、緩和し、健康を増進する。身体的健康の継続したアセスメントを確実に行い、初回の治療計画に入れる。
終結	支援を終結するための計画は、早期介入サービスの早い段階から始め、移行は注意深く、効果的に行い、円滑に進めていく。

IRIS Guidelines Update September 2012（筆者訳）

に勧めたり、数日間支援をしていきます。危機的状況であっても、強制入院を減らせるようなケアをするという例でした。すばらしい実力ですね。

次は、アセスメントです。年齢にふさわしいサービスや、若者が親しみやすいアプローチをすることで、精神疾患の人も若者が当たり前に使うサービスを使います。「精神疾患の人ばかりがいるデイケアにいきましょう、就労継続にいきましょう」ではなく、若者が当たり前に使っている青年の家とかミーティングに参加できるようにケアをしましょうね、と書かれています。

三つ目が「個別的なエンゲージメント」です。早期介入では、最初のサービスを最善のものにしなければならないと考えられています。鍵となる問題に焦点をあてながらも、精神疾患の早期は診断が不確実であるという点に充分留意しながら、積極的な訪問によって継続的なエンゲージメント、すなわち「関係づくり」をやっていきます。最初の出会いに失敗したら、若者に専門職や精神保健サービスに対するマイナスのイメージを植えつけてしまいます。偏見を植えつけてしまわないように、良い関係をつくることが最も大切にされます。そして継続的に関係を深めていきます。そのためには積極的な訪問が欠かせないのです。日本だったら「病院に入院してもらって」となりがちですが、出発点が全く違うのです。

四つ目が、家族との関係づくりです。早期介入サービスだけでなく、イギリスでは多くのサービスは家族を重視し、家族との関係づくりを丁寧に行い、ケアチームの一部として家族を支援します。「家族も支えるチームの一員だから」と常に家族を支援することがついてくるのです。日本ですと

「家族は責任をもって本人を監督・世話をする」ということで、「これをやってください、あれをやってください」となりますが、「家族も一緒に考えていきましょう」「家族にもその人らしい生活を保障して初めて家族は家族として支援者になれる」という考え方なのです。

五つ目は「個別的な介入・支援」です。年齢にふさわしい、疾患の段階に応じたサービスの提供をします。どうしても入院しなければいけない時は、小さな病棟のようなところで、若者だけが治療を受けられるようにします。日本では一六歳、一七歳で入院になると、大人と同じ病棟に入れられてしまうことが少なくありません。この近くですと、大阪精神医療センターには思春期の病棟がありますが、多くの県には思春期青年期病棟はありません。

六つ目が「精神病のための認知行動療法」です。イギリスでは段階に応じたサービスをします。そして、薬よりも認知行動療法が第一の選択肢です。日本では第一の選択肢は薬物であり、選択肢が全く異なります。若者に抗精神病薬を投与するのは極力控え、認知行動療法を行い、発病を回避したり、症状が重くならないようにしたりします。

七つ目は、「家族介入・支援」です。家族介入は投薬よりも重視され、早期介入の中心的なサービスとされています。家族支援として三カ月から一年に渡り、一〇回ほど訪問します。支援では、家にお父さんがいる時間に家庭訪問をして家族会議を開いてもらい、家族のコミュニケーションの練習をしたりします。また、本人の問題だけでなく、家族一人一人にアセスメントをして家族の問題も取り上げたり、家族全員の問題として家族全体がどうなりたいかを実現していく家族支援の一〇セッションを含みます。一〇回くらいの訪問により、家族療法を行う家族支援ワーカーが来なくなっても、自分たちで家族間の様々な問題を話し合って解決できるようにするのです。これも素晴らしいと思います。

八つ目が「抗精神病薬の投与」に関するものです。抗精神病薬の投与は極力控え、若者の治療に卓越した医師により、注意深く投与する。どうしても投薬をしないといけない時は、若者の治療に洗練された方が少量で行います。専門職による心理社会的治療や職業プログラム、家族支援とあわせて投与するのが原則です。認知行動療法とか職業訓練とか絵画療法とか、社会との接点になるものをいっしょに活用します。教育支援も含めて行います。大学生で発病したという相談を受けたら、時には大学の支援室にやってきて部屋を借りて話をしてくれます。「大学でどういう授業だったら出られるか」「大学としてこういうことをしてください」と具体的な支援方法を提示します。聴覚障害の学生さんにノートテイカーがつくのと同じように、学生に寄り添う人をつけるのです。すなわち発病しても大学の生活を継続できるようにします。早期介入サービスは、若者が今までやっていた生活を継続することで治療がうまくいくという考えのもとで行われています。

九つ目が、「生活支援、社会的支援、教育的支援、職業的支援」です。大切なことは普通の社会的役割を強調することです。教育を受ける機会や働く機会を提供します。その若者が発病する前にやってきたことをやり続けられるようにサポートしていきます。働くことについても、就労支援として職業訓練のプログラムを提供します。

次に、身体的な健康アセスメントを継続的に行い、初回から治療計画に入れます。日本では第二世代の抗精神病薬が二〇〇〇年前後から投与されるようになり、身体疾患を起こしやすい、特に糖尿病にかかりやすい、血糖値を上げてしまう、という問題が出てきました。日本では、精神疾患のある人は糖尿病があっても仕方がないという考え方が散見されますが、イギリスでは身体疾患も最初から考慮し、遺伝性の糖尿病があるような家系の患者には、糖尿病を誘発しやすい薬を最初から控えるなど、身体疾患についても十分に配慮していきます。

最後は「支援の終結」です。その人が落ち着いてくると、地域精神保健チームとして緩やかで効果的ではありますが、サービスの少ないチームに移行したり、ホームドクターに戻したりするように支援します。積極的に治療した後、症状が治まれば、もう少しゆっくりしたサービスのチームに移行していく形で地域でみていくという、きめ細やかなサービスになっています。日本では、サービスの開始は書かれていますが、終結が書かれていないことが多く、ここにも違いが表れています。

●若者が求めるサービスとは

「若者が求めるサービスとは」、疾患があっても、障害があっても、健康な若者と同様の生活を送れることです。若者だけでなく、精神疾患のある大人も普通の生活を地域で送れることを追求していくことであり、精神科の病院に入院したり、精神科のベッドを利用したりすることは、極力さけたいものです。精神科病院に入院した期間は、「失われた時間」として人々に残り続けます。精神科病院や精神科診療所の外来を受診するだけで、若者にはトラウマとなりえます。それが引き金になって却って病状を悪くしたり、自信をなくしたりさせてしまうので、精神科という名がつくところに通ってもらうことはしないようにする。そうすることで自信を失わずにすむことがあります。

●日本の早期介入サービスの実態

ここまでイギリスの実態を述べてきましたが、ここからは「日本の早期介入サービスの実態」についてお話しします。どのような機関が早期介入サービスを始めたかをまずお話しします。表4が早期介入サービスを行っている機関です。

二〇〇四年に早期介入サービスを最初に始めたのは、東北大学病院精神科ＳＡＦＥクリニックです。大学の附属病院の外来です。そして、二〇一一年から宮城県立精神医療センターがそこに加わりました。

私は二〇〇七年頃、東北大学の早期介入サービスを中心に担っておられる松本先生のお話を、精神科関係の学会で拝聴しました。製薬会社主催のランチョンセミナーでお話をなさったのですが、その内容は、抗精神病薬投与だけの話で、認知行動療法も家族支援も環境調整もなさっていませんでした。できるだけ早く外来受診をしていただいて、病院で治療するだけでした。私は、思わず手を挙げて「それって今までの治療と何も変わらないのではないですか」「お話の内容は、私がイギリスで学んできたことと全然違います」と申し上げました。

表4　早期介入サービス実施機関

開始年	機関名	種別
2004 (2011)	東北大学病院精神科 SAFE クリニック 宮城県立精神医療センターが参加	大学附属病院 公立医療センター
2006	東邦大学医療センター大森病院	大学附属病院
2006	富山大学附属病院・ 富山県心の健康センター	大学附属病院及び精神保健福祉センター
2008	三重県こころの医療センター	公立医療センター
2008	高知大学医学部神経科精神科 アーリーサイコーシス外来	大学附属病院
2009	東京大学医学部附属病院	大学附属病院
2009	東京都立松沢病院	公立医療センター
2009	ユースメンタルサポート COLOR（巣立ち会）	社会福祉法人
2009	四日市 YES ネット	教育委員会を中心としたネットワーク
2014	北海道大学附属病院精神神経科	大学附属病院
2015	岡山県精神科医療センター	公立医療センター

日本の「早期介入サービス」は、まさに「最初から服薬ありき」だったのです。今までの伝統的な治療と全く変わらない、服薬優先の治療でした。今までと異なる点があるとしたら、早期発見に努め、「もう少し様子をみましょう」と言っていた若者に、早く投薬をするのみであるとの印象を受けました。イギリスやWHOが「発病しているかどうかわからない時期の若者には、若者らしい生活を維持させなさい、精神科を受診させることはトラウマを起こさせる可能性があるので、訪問などによるサービスを届けなさい」と言っているのとは、およそ異なる方法が採られていました。私がその質問をしてから、松本先生は認知行動療法に取り組むようになられて、今は、日本の早期介入サービスにおいては最も熱心に認知行動療法に取り組んでおられるそうです。

二〇〇六年には東邦大学医療センター大森病院で始まりました。ここは日本の早期介入サービスを推進している水野教授がおられる大学附属病院です。「イルポコス」という若者のみを対象としたデイケアがあります。不思議なことに、若者外来やデイケアのスタッフの中に、精神保健福祉士が配置されていません。精神科医と心理士と看護師、作業療法士だけです。つまり環境調整に手をつけないということなのでしょうか？　それはおかしいことです。水野教授はイタリアに何年も留学されていた方で、ちょっと不思議だなと私は思います。日本の大学附属病院で早期介入サービスに取り組むと、環境調整や訪問サービスには手が届きにくいのでしょう。ただし、同病院は地域との連携を図るため研修会を開催しています。

同じ二〇〇六年に、富山大学附属病院が早期介入サービスを始めました。ここでは、富山県の精神保健福祉センターが窓口になって相談を聞き、富山大学附属病院に紹介する形態を採っています。訪問サービスはなく、富山大学附属病院に受診してきた若者の脳の研究をしています。どの部位が萎縮して、どこが拡大しているか等の研究です。脳の研究が主体になっていて、若者のための訪問サービスや家族療法などに関する報告はありません。

二〇〇八年には三重県こころの医療センターが始めています。ここはＷＨＯが推奨していて、イギリスが進めているやり方に近い方法でサービスが提供されています。家庭訪問もなされていますが、行動療法的訪問家族療法まではやっていないようです。早期介入サービスのためのチームは一つしかないので、そのチームのスタッフは、他の仕事も兼ねています。そんなに大がかりではないですが、誠実な取組がなされている機関だと思います。

同じ二〇〇八年に、高知大学医学部では神経科精神科アーリーサイコーシス外来が始まっています。論文を読む限りここもほとんど訪問はしていませんでした。

二〇〇九年には、東京大学医学部附属病院と都立松沢病院、NPO法人巣立ち会のユースメンタルサポートCOLOR、四日市YESネットの四機関が早期介入サービスを開始しています。

東京大学医学部附属病院は、ケースマネジメントをやっています。しかし「早期介入サービスは大学病院でやることではない」と言っています。「地域に密着した診療所がやらないと若者にトラウマを残すだけである」と論文のなかで書いています。早期介入サービスにおいてケースマネジメントに取り組むと、早期介入サービスは地域に密着した機関が提供すべきサービスであることに気づきやすいのだと思います。そして、東京大学医学部付属病院のスタッフの一部の人は地域に出て、診療所で若者の支援をやり始めています。

都立松沢病院は、早期介入サービスの研究を日本で最も早く始められたおひとりである、岡崎先生が院長をなさっていた病院です。ここでは、充実したサービスが展開されています。キャッチメントエリアも定めて「自分たちが三〇分で訪問できる範囲までしか対応しません」とホームページには書かれています。世田谷区を中心とした近接区のみの若者を対象にしています。若者専用の病棟も創設されました。また、スタッフの一人はイギリスへ出かけて、行動療法的訪問家族療法の訓練を受けておられます。ただ、スタッフが少ないために、行動療法的訪問家族療法も使うだけのゆとりがないようです。

巣立ち会のおこなっているユースメンタルサポートCOLORはNPO法人ですので、医療スタッフはチームの中にはおられません。医療にかかっていてもきちんと話を聞いてもらえない人もおりますので、医療との隙間を埋めるために若者支援をしています。将来的にはこういう形もあっていいのかなと思いますが、発病間もない若者は症状が不安定なことがよくありますから、限界もあろうかと思います。

四日市市のYESネットは、診療所と四日市市の教育委員会が責任者となっています。広報などは教育委員会が中心になっています。いくつかの機関が連携して若者の支援をしているところが特徴的です。診療所が診療にあたっていますが、アウトリーチがきちんとできているかどうかは明確ではありません。保健所もかかわっており、中学生、高校生を対象に教育の側で早期発見し、治療が必要な若者に対しては早期治療を推進しております。教育委員会がやっている点では興味深い試みであると思います。

北海道大学附属病院精神神経科は二〇一四年に始めました。若者のサービスというよりも、診療所の先生方から初発の患者さんを紹介してもらい、その人たちの脳の研究をしています。検査を終え、診断が確定すれば、適切な処方箋を出して再び診療所に戻していくという研究中心のサービスです。

岡山県精神科医療センターは、二〇一五年に始めました。早期支援といっても、発病してからの支援を開始するというものです。訪問活動は行っていますが、認知行動療法や行動療法的訪問家族療法が行われているかどうかは明らかではありません。

以上の一三機関が、日本で行われている早期支援サービスです。本日の発表は、二〇一七年に文献調査で行ったものをまとめたものですので、論文にされていない機関で早期介入サービスを提供している機関が他にあるかもしれません。また、調査以降に新たに開始された機関もあるかもしれません。

概観しますと、実施機関は大学附属病院六か所、公立病院四か所、精神保健福祉センター一か所、その他二か所でした。「大学病院型」は、研究中心でアウトリーチサービスはありません。「公立病院型」で若者にアウトリーチを試みているのは二か所だけでした。「公立精神保健福祉センター型」は大学病院への窓口でしかなく、アウトリーチも行っていませんでした。その他としては、「教育委員会」を中心としたネットワークと、「社会福祉法人型」が今、日本で若者のサービスをやっているという実態でした。

●日本の精神保健システム

ここから、「日本の精神保健システムはどうなっているか」についてお話しします。

精神科医療は利用者が自ら利用するか、強制的に行われるかが原則です。家に出かけて治療サービスを提供することはほとんどありません。アウトリーチによる治療サービスは、地域包括支援プログラムであるアクト（Assertive Community Treatment：ACT）の人たちがやっているくらいです。

アクトチームは全国で三〇カ所ほどありますが、その中には若者を対象として、高校生などに抗精神病薬の投与はせず、治療的なアウトリーチと環境調整を主にして支援をしているチームが何か所かあります。ご本人の「薬を飲みたくない」という気持ちを尊重し、喫茶店で会ったり、学校の先生と相談したりしながら、高校生活を続けられるように支援しています。スタッフには心理の人もいて、認知行動療法とまではいきませんが、心理療法も行っています。私が経験したＡＣＴ‐Ｋではそれができなかったですね。そういうことがやれているチームは稀です。

多くの医療機関からのアウトリーチは少ないのが実態です。一応、診療報酬上では精神科医の往診は認められていますが、少額で長期の往診は難しいのが実態です。

二〇一一年に国が提示した事業として「アウトリーチ推進事業」があります。多職種アウトリーチチームはシステムとしてできましたが、全く機能していません。「未治療、治療中断は保健所の業務」ということで、医療につながるまでは保健所の仕事ですが、保健所の精神保健業務はますます後退しています。また、かつて私が勤めていた時でも、保健所がまだ病気かどうかわからない人にまでかかわることはほとんどありませんでした。日本では、十分なアウトリーチ活動は提供されていないのです。

「アウトリーチ推進事業」が始められるに当たり使われた基礎的データは、私たちが二〇〇九年に自立支援プロジェクトの研究費を厚生労働省からいただいて行った『平成二一年度 厚生労働省障害者保健福祉推進事業 多職種による重度精神疾患患者への治療介入と生活支援に関する調査研究

――新たな地域精神保健システムの構築』という研究から出たものです。ACT-KとACT岡山、ACC-Zおかやまの三つのACTチームのスタッフの協力のもとにデータをとり、マニュアルを作成しました。その結果として、アウトリーチ推進事業ができたことは画期的なことでした。

二〇一一年度から「アウトリーチ推進事業」は開始されました。「未治療の人や治療中断している人などに対し、病院等の専門職がチームを組んで、訪問支援（アウトリーチ）を行うことにより、本人及びその家族に対して支援を行う」とし、「診療報酬による支援や障害福祉サービスへとつなげ、在宅生活の継続や病状の安定を図る」とされました。「アウトリーチチーム」として、精神科医、看護師、作業療法士、ピアサポーター（当事者で回復した人）、心理職、相談支援専門員、精神保健福祉士などが協働して、働くことになりました。

「アウトリーチ推進事業としてお金をつけてあげるから全国でやりなさい」と、厚生労働省は打ち出しくれました。「ヤッター」と思いました。「あれだけ苦労してやった研究が、日本を変える」と思えたのは、つかの間でした。厚生労働省が開催した「アウトリーチ推進事業」の説明会では、「課題の解決は入院という形に頼らない」とまで言われました。これは画期的な言葉でしたが、実行されないまま今日に至っています。

当時、厚生労働省には精神保健の専門官で吉川さんという看護師資格をもつ方がおられました。彼が中心になって、頑張ってくださいました。そこまでは厚生労働省は頑張ってくれたのですが、その結果、どうなったか…？　厚生労働省は財務省に負けました。厚生労働省の描いた図は、「アウトリーチ推進事業は、診療所と訪問看護ステーションが一緒になって遂行する。保健所が窓口となって対象者を選定してチームに紹介する」というものでした。しかし、財務省が示したのは「精神科病院が訪問してやる」というものでした。さらにひどいことに、「このチームを一つ創設すれば予算をつけますが、その代わり精神科病棟を一つ潰しなさい。それが条件です」とのことでした。

結局、この制度はほとんど使われませんでした。精神科病院は、病棟を潰したら経営が成り立たなくなると考えたからです。その後、数年間は研究事業のようにして「アウトリーチ推進事業」は行われていきましたが、今はかろうじて名称が残っているだけの事業になってしまいました。このように医療も含めた生活支援システムの構築は、日本ではなかなか進まないのです。

●日本の早期治療・早期支援の課題

課題としては、大きく四点を挙げることができます。①システムの問題、②地域を基盤とした臨床実践の乏しさ、③サービス内容と専門職のスキル、④医療・医学研究の倫理です。

まずシステムの問題からお話しします。早期介入の基本は、治療サービスを夜間や週末の時間外でも提供できるようにし、できるだけ自宅で治療を行なうことにより、若者の混乱やスティグマ化、精神疾患治療によるトラウマを最小限にし、危機的状況に至らないようにするシステムを構築する、ということです。日本の実態は早期介入の基盤となるシステムがありません。若者のいる場所に出向き、二四時間、三六五日サービスを提供していません。これをやっているのは、制度はないにもかかわらず努力しているアクトチームだけです。大学の付属病院は全然やっていないのに「早期介入」と謳っています。基本に即していないのに、自らの行っていることを「早期治療・早期支援」と謳っているところが怖いと思います。

次に地域を基盤とした臨床実践の乏しさです。早期介入の基本はアウトリーチサービスによる良質な認知行動療法、行動療法的訪問家族療法、心理教育、環境調整などを確実に実行できることですが、実態はシステムが未整備な中で、そのシステムを構築しようとする臨床実践が、ほとんど行なわれていないのです。努力の欠如としか言えません。今、早期介入、早期支援を可能な限り原則に近づけようと努力している機関は、三重県立医療センターと都立松沢病院くらいしかありません。早期介入、早期支援はアクトより後から出てきた支援であるにもかかわらず、基本の臨床実践を行おうとしません。教育機関に働きかけて治療対象者を医療機関に紹介してもらい、抗精神病薬を中心とした治療や研究をするのが、今の日本の早期介入、早期支援の実態となります。

三点目が、サービス内容と専門職のスキルについてです。早期介入は、強制入院の回避、若者が親しみやすいアプローチ、積極的な訪問、就労・就学支援、行動療法的訪問家族療法を含む家族支援、認知行動療法の適用、抗精神病薬投与の最少量化というのが基本ですが、実態はこれらの基本サービスがほとんどなされていません。専門職不足があります。

アメリカでもイギリスでも、若者の支援にあたるスタッフには厳しい訓練がなされています。イギリスは就職してからどんどん教育していきます。例えば行動療法的訪問家族療法の基礎研修を五日間受けなければなりません。その後三年間、スーパーバイザーによってスーパービジョンを受けながら行動療法的訪問家族療法を実施し、初めて資格が授与されます。地域で働くスタッフは、全員、この研修を受けなくてはなりません。

アメリカのソーシャルワーク大学院では、現場実習に約一〇〇〇時間行きます。そして大学院の授業では、「昨日の訪問場面をやりなさい」とロールプレイをさせられ、ビデオ撮影されます。撮影された映像を基に訓練が展開されます。ソーシャルワーカーは多様なことをどんどんできるようになってから、課程を修了するのです。そういう面から見ても、日本の教育は十分ではありません。私自身も、学部ではとてもやれていないという実態があります。

最後が最も重要だと思うのですが、医療・医学研究の倫理です。「医療・医学研究における生命倫理の四原則」では、①自律の尊重（人に対する敬意）、②無危害、③利益、④正義の四点からまとめられています（Beauchamp & Childress 2001 ＝二〇〇九 立木）。

「自律の尊重（人に対する敬意）」とは、自分の意思で決定することができる人が、選択する自由がある状況で、自身のことを自分で決め、行動することです。すなわち自己決定の原則です。そして、その人の人格を尊重して敬意をもって対し、個人情報を保護します。自己決定能力をどう考えるか。若者が医療保護入院で精神科病院に入院している場合は少なくありません。本当に本人が望んで入院しているわけではないということがあります。未成年の場合は両親の同意が法的には必要になりますが、たとえ、両親の同意があっても、本人の意志に反して入院をさせられている現実に変わりはありません。この点についても早期介入の指針とは異なる実態があります。「無危害」とは、患者や被験者に危害を与えないことです。侵襲が少なく、傷つけずに、極力日常生活に影響が少ない治療方法を可能な限り選択することです。イギリスでは、精神科の受診はトラウマになりうると繰り返し書かれていました。ですから、若者が治療を受けやすい自宅や安心できる場所での接触を推奨していました。論文で読んだほとんどの日本の機関は、精神科受診をさせており、アウトリーチでの治療はなされていませんでした。このような点から、日本の早期治療・早期支援は、危害を与えているといえるのではないかと思います。

「利益」とは、患者、被験者の最善の利益を図ることです。医療の場合は患者の生命・健康の維持・回復を追求します。研究の場合は将来の患者のために医学の発展を追求します。現在、早期治療・早期支援に関わっておられる方々は、一生懸命やっておられるのでしょうけれど、トラウマを生み出す大学附属病院への入院・通院、そして研究中心です。生活の場にサービスが届けられないということでは最善の利益が届けられない状況でありながら、それでも「私たちは早期治療・早期支援を行っています」と言い続けているところに疑問を感じます。

倫理の最後は「正義」です。「正義」とは、人に対して平等かつ公平な対応をすることです。相対的正義とは、同等の者は同等に扱うということであり、配分的正義とは、利益・負担の公平な配分ということです。これを医療の範疇で考えてみたら、日本の医療は、精神科特例が認められており、医師も看護師も他診療科より少なくてもよいことになっています。内科や歯科なども往診が行われているのに、精神科にはアウトリーチもない実態があり、正義、平等とは言えません。特に精神科について政府はほとんど目を向けようとしていません。

イギリスでは病院で働く専門職と地域で働く専門職の給与にはかなり開きがあります。病院で働く人の方が初心者で安月給なのです。病院は、院内に多様な職種がいて困ったら助けあえます。しかし、地域で訪問する場合、訪問先では、一人で判断して対応できる力をもっている必要がありますから、地域のスタッフは報酬が高いのです。日本で医療機関勤務の給与が高くなっているのは、入院に中心化された医療が重視され、若者が望む自宅での治療は重視されていないからです。そこに問題があると思います。

●おわりに

「この国に生まれたる不幸」と、呉秀三が私宅監置（座敷牢）の実態調査を世に出して一〇〇年が経過しました。「わが邦十何万の精神病者は実にこの病を受けたるの不幸の他に、この邦に生まれたるの不幸を重ぬるものというべし」と一〇〇年前に呉秀三は記しました。医療を中心として個人を中心としていないサービス、そして地域を基盤とした「多職種アウトリーチ（訪問）支援」の芽は伸びないままです。世界水準の精神保健システムに、日本はまだ届きません。若者が精神疾患を発病しかけた時、気軽に相談でき、気軽に聞いてもらい、薬ではなく、彼が望む生活を維持しながら環境調整をしたり、幻聴や妄想から距離をおけるようにしたり、家族全体が気さくに話しあえるようなシステムを創ったり、学校や職場に働きかけたり、そういうことは日本ではほとんど行なわれていません。病気になりかけた時、どこに相談したらいいのかわからないのが実態です。その結果、治療にかかるのが遅れてしまいます。

日本の精神科の診療所はたくさんあります。大流行りです。しかし、そこにかかっている日本の三分の一の人は服薬はいらない人たちだと世界的にはいわれています。不必要な薬を飲ませられているのです。製薬会社によってどんどん薬がつくられています。私の精神保健コースにきた学生に「なぜ薬を飲んでいるの？」と聞いたら、クラブのトラブルだったり、生活が不規則であったり、物事をマイナスに捉えすぎたり、認知の歪みがあったり、そんな理由から服薬をしているのです。このような場合は、薬ではなく、規則正しい生活をして、朝起きて全身に太陽を浴びること、食事をしっかりとること、友だちとゆっくり話し合うことで解決するほうがはるかに回復します。何も薬を飲まなくてもいい学生が薬を投与されています。患者に仕立てられていくのです。

一方で、あと三分の一は未治療や治療中断で放置されています。本来、治療が必要である人が放置されているのです。多くの国ではアウトリーチがあり、未治療や治療中断の人は日本ほど多くありません。イギリスで重症だというのは「〝isolate〟（社会から孤立すること）」です。孤立することが重症だと判断され、早い段階で地域の人々が関与したり、専門職がアウトリーチで支援を届け、孤立しないようにします。そして病気も重くならないシステムがあるのに、日本では不適切な医療を受けたり、必要な人に医療や生活支援サービスが届けられていなかったりします。結局それが長期の入院になり、慢性化した人々を生み出していきます。

これからは、長期の入院は少なくなるでしょうが、精神疾患や障害のない人と同じように就労したり、同じような社会生活を送れたりするサポート体制が日本では十分ではありません。最善の利益をもたらす目的で、若者の支援が始められたのに、日本では利益をもたらす支援内容が提供されていません。このような実態を多くの方にわかっていただきたいと思います。一日も早く改善して、日本の若者が他国で生まれたのと同様に、精神疾患を発病しても、地域で豊かに暮らせる社会になることを願って私の話を終わらせていただきます。ありがとうございました。

文献

Beauchamp & Childress（2001）Principles of Biomedical Ethics. 5th ed. Oxford University Press（＝立木教夫他監訳『生命医学倫理　第五版』麗澤大学出版会、二〇〇九）

Birchwood, Todd, Jackson, et al（1998）Early intervention in psychosis. The British Journal of Psychiatry,172（Suppl.33）53-59

IRIS（2012）IRIS Guidelines Update September 2012.IRIS

Jointly issued by the World Health Organization and International Early Psychosis Association（2004）Early psychosis declaration: An international consensus statement about early intervention and recovery for young people with early psychosis.（http://www.iris-initiative.org.uk/early psychosis-declaration）（2017.12.3

閲覧）
西田淳志・岡崎祐士（二〇〇七）「思春期精神病様症状体験（PLEs）と新たな早期支援の可能性」『臨床精神医学』三六（四）、三八三 - 三八九
野中猛・植田俊幸（二〇〇七）「早期介入チームの実際」『こころの科学』一三三、四〇 - 四四
岡崎祐士（二〇〇九）『H二〇年度厚生科学研究　思春期精神病理の疫学と精神疾患の早期介入方策に関する研究』
特定非営利活動法人メンタルケア協議会（二〇〇八）『精神障害者の家族支援とEarly Interventionを考える～英国の経験に学ぶ～』

（花園大学人権教育研究会第107回例会・二〇一九年五月十六日）

反『優生学講座』

——相模原障害者殺傷事件を踏まえた障害者福祉の課題について

藤井　渉

●はじめに

私はホロコーストについて関心を持ちながら障害者福祉を考えている者です。というのも、子どもの頃、ドイツに少し住んでいたことがあったのですが、そこで強制収容所についていろんな被害の状況を目に焼き付ける機会があったからです。はじめはポカンとしていましたが、中学校、高校、大学へと進むにつれて、ガス室にあった生々しい爪痕が強く意識に上るようになり、それが障害者福祉の問題と重なり合っていることを考えるようになりました。ここでは、そういった観点を踏まえながら、「反『優生学講座』」をテーマに話をしていきたいと思います。

優生学とは、遺伝的に人間に優劣をつけて序列化し、「劣等」と見なした存在を排除し、「優良」とした者を積極的に残していこうと思考したものといえます。その実践となる断種法（強制不妊手術を合法化した法律）は、日本でも多くの人に傷痕を刻んできたわけですが、二〇一九年四月に一時金三二〇万円が支給される制度がようやくできました。救済への制度的な対応は一程度進みましたが、二〇一六年に起きた相模原障害者殺傷事件では露骨に優生思想がまき散らされ、それに対する社会の向き合い方を見ていると、優生学の問題はむしろこれからの問題だと思えてなりません。

優生学、あるいは優生思想に、どう向き合っていけばいいのか。優生学を体系的に論じた『優生学講座』というシリーズがあり、私が知りうる範囲で一九三一～三三年頃にかけて九冊の出版があります。優生学はどういう文脈で日本社会に浸透していったのか、その過程を示す史料とも言えると思いますが、ここではあくまで障害者福祉の観点から『優生学講座』で扱われた論点を採り上げ、命の選別と国家介入の歴史を批判的にひもときながら、「これから」の障害者福祉を考えるための知恵を採りたいと思います。

私が研究で具体的に扱ってきたものは障害者をめぐる徴兵制や軍事政策の問題で、優生学とは少し距離があるかも知れません。優生学の問題は科学史や生命倫理学、あるいは社会学などで採り上げられ、例えば松原洋子先生、八木晃介先生らが著名ですが、ここではあくまで私が関心を持っている障害者福祉の観点から見ていくものです。残念ながら、社会福祉領域では優生学の問題を批判的に扱った研究の積み重ねが必ずしも多いとはいえず、浅い考察ではありますが、福祉の観点から優生学の教訓を踏まえて相模原障害者殺傷事件の問題を考えることは重要なことであり、その問題提起としても聴いていただければと思います。

なお、ここでは「精神薄弱」や「痴愚」など、いまでは差別用語、あるいは不快用語として認識されている当時の言葉についても、歴史的な用語としてそのまま使用致します。それに差別的な意図はないことをお断りしておきます。

●1 相模原障害者殺傷事件と障害者福祉

（1）相模原障害者殺傷事件で示されたいくつかの論点

二〇一六年に一九人が亡くなられた事件の様子を報道した新聞記事を見ると、当時の騒然とした状況が伝わってきます。こうした一連の報道のあり方としてトピックに上がったのが、匿名報道が貫かれたことです。

事件の報道では、ご家族の方の強い要望で実名等が公表されませんでした。匿名報道がもたらすのが、リアリティの欠如であり、事件の風化です。新聞社として知恵を絞った結果でしょう、「亡くなった一九人の横顔」というトピックで、「畑仕事が得意だった」「歌を歌ってくれて笑顔で人気者だった」という記事で、亡くなられた方を何かしらイメージできるように努力する報道も見られました。

私自身はこうした報道の姿から、「二重の残虐性」を感じざるを得ません。一つは人が亡くなったこと、もう一つは亡くなった人がまたもや隠されてしまったことです。これは家族や新聞社の問題ではなく、障害者問題の集積、つまり、積み重ねられてきた障害者問題の結果として「匿名報道」があると認識すべきと考えています。

残念ですが、二〇一九年七月現在、相模原障害者殺傷事件はすでに忘れ去られつつある局面にあると思います。以前にスマートフォンで「相模原障害者殺傷事件」と調べたところ、「先読みキーワード」で「やらせ」と出てきた時がありました。実はこのとき陰謀説が飛び出し、「あの事件は実はなかった。自作自演だ」といったデマが飛び交っていたのです。被害を受けた方々からすれば、余りにも厳しい惨状に思うのですが、ネットではこういった反応があったことは事実です。

しかしながら、事件に対して当事者や研究者、実践家の方々は多種多様な著作を生み出してこられました。それらを読んでいくと、例えば、先に指摘した「被害者の匿名化はこれまでの障害者問題の集積である」という見方であったり、「本人が隠されたり隔離されたりしてきた歴史の結果である」といった認識であったり、「事件は障害者福祉の窮状を示したもの」という指摘、「内なる優生思想」という問題や、兵庫県の「不幸な子どもが生まれない運動」の問題、「施設という隔離された場で起きたこと」の問題。あるいは、花園大学の人権週間で登壇なさった、雑誌『そよ風のように街へ出よう』を長年手がけてこられた小林敏昭さんは、「貧弱な障害者観」という言葉を用いて事件への認識を述べておられました。

こうした多様な論点が示される中で、それらを深めていった先に見えてきたのが、おそらくは「役に立つかどうか」という国家や社会による人間観で、それが根底に横たわっていることの問題が示されてきたのかなと理解しています。

おそらく、新聞社でも匿名報道のあり方についていろいろな葛藤を抱いてきたのかと思います。シンポジウムをしたり、勉強会をしたりして、匿名報道が本当に正しかったのかどうか検証をする努力が見られました。その中で新聞社としての特段の思いがあったのでしょう。一つの答えとして、事件後一年目となる二〇一七年七月二六日に、「毎日新聞」に「笑顔輝く君よ」という記事が出されたことが印象的でした（https://mainichi.jp/graphs/20170726/hpj/00m/040/001000g/1）。一面を使って、事件で犠牲になった方々と同じような障害のある方々が掲載され、笑顔を見せる、という記事でした。掲載された方々は事件と直接に関係のない方々ですが、この事件に対するアンチテーゼとして、笑顔を見てもらおうというメッセージを、新聞社なりに示そうとしていたのかなと解釈しています。

（2）障害者福祉の現状について

障害者福祉の観点からこの事件を考えた時、さまざまな論点が導き出されるはずです。

添付資料「障害者福祉施策の動向について」をご覧下さい。障害者福祉施策はいろんな動きがありますが、およそ一〇年間の変遷を一覧表にまとめたものです。障害者基本法改正で発達障害を法的に「障害者」の中に入れたりとか、障害者自立支援法を障害者総合支援法に改変したり、障害者虐待防止法が施行されたり、精神保健福祉法改正で保護者制度を改変したり、障害者雇用促進法改正で雇用率制度を修正したり、障害者差別解消法ができたりと、戦後まれに見る大きな改変が行われてきました。こうした一連の動きのなかで、大きく改善しているところもある一方で、放置されていたり、むしろ後退を示すような現象が起きたりもしています。

例えば、自己決定権の保障という文脈で動向を眺めると、いまだに制度的な整備は空白なままである点が危惧されます。いま、「意思決定支援ガイドライン」がつくられました。成年後見制度において本人の意思を大事にするためのマニュアルづくりを、厚生労働省が三年かけてやってきたもので、これをようやく出したわけです。障害者福祉の現場では、成年後見制度が適用されると、後見人などが本人の声を無視して物事を決めてしまっている問題が起こっていました。それにメスを入れていくためのツールとして、「意思決定支援ガイドライン」が作成されたと言えます。これは、あえて強い表現を取ると、障害者の自己決定権にとって根幹とも言える成年後見制度で、本人の意思が重視されてこなかった歴史を示しているとも言えます。重度の知的障害のある人などに対して、意思表示や意思決定という生活の根本的な部分について、制度的な整備や保障は余りにも不十分であると感じています。

また、就労の保障という文脈で動向を眺めると、例えば就労継続支援B型で賃金向上がネックになっている状況が見えてきます。就労継続支援B型は、就労を保障する場でもあり、一方では生活のリズムをつくり、社会関係をつくり、そして本人の自己実現を助けていくための場でもあります。

2014.4	❏精神保健福祉法改正（保護者制度廃止） ❏障害者総合支援法の修正 障害程度区分から障害支援区分に変更 共同生活介護を廃止（共同生活援助に一本化） 障害支援区分の認定の仕組みを改変 重度訪問介護の対象を拡大（重度の知的・精神障害者も対象に） 地域移行支援の対象を拡大
2015.1	❏難病医療法施行
2015.4	❏障害福祉サービスのサービス等利用計画書の作成義務化施行 障害福祉サービス等報酬改定
2015.7	❏障害者総合支援法の難病対象疾病が 332 に（第二次検討）
2016.4	❏障害者差別解消法、改正障害者雇用促進法施行
2018.4	❏障害者総合支援法の難病対象疾病が 358 に（第三次検討） ❏自立生活援助、共生型サービス（新設） ❏障害者雇用促進法　法定雇用率アップ施行 民間企業　2.0%　⇨　2.2% 教育委員会　2.2%　⇨　2.4% 国・自治体　2.3%　⇨　2.5% ❏意思決定支援ガイドラインの作成（後見人へのマニュアルとして） ❏現在検討中のもの 法定雇用率算定式に精神障害者も含まれることが決まっているが、特例によって実際には低い割合が適用される。施行後５年間(2018 年４月１日～ 2023 年３月 31 日まで)は猶予期間とし、精神障害者の追加に係る法定雇用率の引き上げ分は、計算式どおりに引き上げないことも可能とした。また、障害福祉サービス等報酬改定では処遇改善の強化が検討されている。(月額１万円アップのため 1.09% の報酬改定など)

【添付資料】障害者福祉制度の動向について（藤井作成）

2010.12	❏障害者の範囲見直し（障害者自立支援法） 発達障害者支援法で規定する発達障害者を精神障害者として対象に含めた。
2011.8	❏障害者基本法改正（全面施行は 2012 年） 基本的人権の尊重と共生社会の理念が追加。精神障害に発達障害を加えた。
2011.10	❏同行援護施行（障害者自立支援法）
2012.4	❏自己負担が応益負担から実質応能負担に移行（既に軽減策は実施） ❏精神障害者の地域移行支援の事業が個別給付の地域移行支援事業に ❏障害者自立支援法だった児童デイサービスが児童福祉法に移行 児童発達支援 医療型児童発達支援 放課後等デイサービス 保育所等訪問支援
2012.10	❏障害者虐待防止法施行（2011 年 6 月成立）
2013.4	❏障害者総合支援法施行（難病患者をサービスの対象に） ❏介護報酬改定（医療と介護と障害のトリプル改定） 障害福祉では基本報酬が 0.8% マイナス。福祉・介護職員処遇改善交付金は報酬加算に。実質マイナス改定。利用者の多い生活介護、就労実績のない就労移行支援などを大幅減。施設の夜間支援、介護職員等によるたんの吸引等を評価など。 ❏障害者雇用促進法　法定雇用率アップ施行 民間企業　1.8%　⇨　2.0% 教育委員会　2.0%　⇨　2.2% 国・自治体　2.1%　⇨　2.3% ❏障害者優先調達推進法施行
2013.6	❏障害者差別解消法成立（施行は 2016 年 4 月） 審議過程で名称を障害者差別禁止法から変更。合理的配慮を行政機関は義務、民間の事業者は努力義務規定に。紛争の解決には協議会制を導入。2015 年 11 月に厚労省ガイドラインが提示された。（意思表示を入口に設定）

そこで十分な予算的裏付けのないまま政策として賃金向上計画が進められるときに引き起こされるのが、利用者の選別です。各事業所は賃金の向上のために、「戦力」になるかどうかで利用者の選別を大なり小なり意識せざるを得ず、現場に新たな葛藤を生みだしていると見るべきです。

一方で、就労継続支援A型では、岡山県で利用者が一斉解雇される問題が露呈しました。もともと解雇を予定して雇い入れていたとのことで、障害者への就労支援ではなく、補助金を目当てに障害者を利用し、儲けようとしていた事情が明らかにされています。ここまで露骨な事例はないかも知れませんが、大なり小なり似たような問題は今後も広がっていくように感じています。実際に、特例子会社制度と雇用義務制度、そして補助金を目当てにした新たな補助金ビジネスが登場しています。

岡山県といえば、最近気になっているのは、「浅田訴訟」が示した問題です。障害者は六五歳をすぎると介護保険を使うことが優先されるという原則が、障害者総合支援法第七条に規定されています。しかしながら、六五歳になったからといって、障害者も画一的に介護保険を使わなければならない、ということではありません。二〇〇七年の段階からこのことは厚生労働省からも通知が出され、二〇一五年にも注意喚起のようにあらためてその事務連絡が出ています。

ところが、岡山市に住む浅田さんが六五歳を迎えるに際して、市から介護保険への変更が強制されてしまいました。介護保険に移行するとなると、サービスの量が削られてしまい、自己負担が増えてしまいます。六五歳になっても障害者総合支援法を使い続けたいとしていたが、あろうことか、行政判断としてサービスを切ってしまった。重度障害があり、本人にとって介護が生死にかかわることであったにもかかわらずです。その後、何とかボランティアによる支援で生活を維持しようとなさったわけですが、まさしく生存がボランティア頼みで、という状況に陥ってしまった。

いま、厚生労働省を中心に「地域共生社会」が多方面で叫ばれていますが、例えば「地域共生社会」構想で叫ばれている「支え手側から受け手側へ」という論理については、地域社会に暮らす「や受け手側」を支え手側へと戦力化していく意図をどうしてもイメージしてしまいます。「地域共生社会」構想は、浅田さんが抱えさせられた苦難から考えることが本当は大事で、重度障害のある人からは、浅田さんが直面した問題をどう見ていたのか、もう少し丁寧に考えるべきです。

そしてたいへん深刻なのが、精神障害者福祉の現場です。大阪精神医療人権センターのホームページでその窮状を端的に知ることができます（https://www.psy-jinken-osaka.org/）。精神科へ強制入院している人の数は増え続けており、身体拘束にある人はこの一〇年でおよそ倍増しています。長期入院にある人は二〇万人弱も存在し、こうした退院が進まない状況は精神障害者福祉の窮状を示すデータとしても読み取るべきです。

こうした問題状況について、ある種の共通の論点として私が見ているのが、優生学思想をバックにした「戦力」になるかどうかという論理で、優生学が示してきた負の遺産を、今日の障害者福祉の仕組みや政策の中に見ることができてしまうことです。つまり、相模原障害者殺傷事件で示された問題状況は、実は障害者の福祉制度・政策とは無関係ではなく、含まれていたり、つながっていたりすることが多々あるように思っています。以下ではこのことを念頭に、いま、振り返るべき優生学の論点について、歴史と現在を並べながら考えていきたいと思います。

●2 戦前日本の優生学

(1) 優生学の特徴

優生学は日本にどのように広がっていったのか。その歴史を知るための史料は多々ありますが、体系的なものにシリーズ『優生学講座』があります。このシリーズでは日本に優生学が根付くなかでどのような論点が示されていたのか、優生学はどう説明されてきたのか、その全体像に触れることができます。その内容が「正しいか」、あるいは「誤っているか」のジャッジはひとまず脇に置いて、とにかく史料の中でどのように説明されていたのかを見てみたいと思います。

まず、シリーズでは、優生学とは「民族組織の改善を図る学である」(古屋芳雄『優生学原理と人類遺伝学』一九三二年、一頁)という言葉からスタートしています。特徴的なのが、個人の利益や幸福の立場に立たないことを、まず宣言していることです。「民族」のため、「公益」のため、「公共」のため、「社会全体」のため、「国家」のためといった、多数の者、あるいはより強い立場の者に立ってどうなのか、という論理構造が特徴的に思われます。これは他の優生学の文献でも共通している論理で、おそらく優生学全体の特徴だと言って良いように思います。

これは福祉の観点から見ると明らかに反対に位置する論理です。ソーシャルワークでもそうですが、福祉は、個人の幸福、個人の自己実現、個人の未来をどうするかという観点で人に向き合っていくのが共通した立場だからです。

では、優生学はどのように実践しようとしていたのか。その中身を見ていくと、端的には「隔離」「断種」であり、そして「抹殺」であったわけです。「断種」や「断種手術」という言葉は古めかしい言葉ですが、強制不妊手術のことです。断種は治療目的でなく身体にメスを入れることになり、刑法にかかわるため、これを合法化するための法が必要で、その法のことは断種法と呼ばれていました。断種や断種法を始めたのはアメリカとされています。一八八〇年代からすでに断種手術は行なわれていたと言われていますが、もともと断種手術には法的な問題があったにもかかわらず勝手に行なわれ、それを追認するように一九〇七年にインディアナ州で断種法がつくられ、他の州でも次々と合法化されていった歴史が示されています（これには障害者を隔離収容したコロニーが関与しているような気がします。「親の会」が障害者のためにコロニーをつくっていく。それが何らかの形で強制不妊手術にタッチしていったという仮説を考えています。）。

「抹殺」についてはナチス・ドイツによるＴ４作戦（Aktion T4）があり、ドイツで比較的新しく出版された文献では二一万六千人が殺されたという惨状が報告されています。この三つをやってきたことが優生学の具体的な中身だということを、よく考えておく必要があります。

（２）障害者福祉の現状から見る優生学の特徴

障害者福祉から優生学の歴史を振り返ると、あくまで仮説的ですが、三点、特徴、あるいは検討すべき論点を提示することができるのかなと考えています。

第一は「統計学的な思考」があったことです。これを私は「確率論的人間観」と呼んでいます。第二は「コスト」という考え方が強く見られたこと、第三は、犯罪との関係を「決めつける」という問題があったことです。

無論、優生学にはいろんな論点があって、それらも扱っていくべきことと思いますが、少なくともこの三つの論点を採り上げていくことが、これからの障害者福祉を考える上でポイントになってくるように思っています。それぞれ、順番に問題提起をしていきたいと思います。

●３　統計学的な思考「確率論的人間観」

（１）統計学的な思考

第一が、統計学的な思考「確率論的人間観」です。

一八八三年にはじめて優生学用語を提唱したとされるＦ・ゴルトンは、統計学者でもありましたので、統計学の観点から見ると優生学の論理が説明しやすくなります。

ゴルトンは、統計学を使って何でもかんでも問題にしていくこだわりがあったと言われています。そのゴルトンが考えたのが、「才能は正規分布する」ということでした。ゴルトンに並んで優生学で著名だったピアソンは、才能ではなく「知能」という言葉を使いますが、とにかく「才能」や「知能」の低さ、高さを横軸にして人口分布をグラフ化すると、ベル型の正規分布を示す、と考えたようです。例えばその下位に位置する数%を特定し、切ってしまえば、次の世代はグラフ全体がやや右へとスライドしていくのではないか。つまり、下位の者を切っていけば、将来世代ではどんどん「才能」や「知能」が高くなって「民族」が「改善」していくんだ、という発想が多分に含まれていたのではないか、ということです。

「才能」や「知能」は簡単に測定できるものでもないし、概念的に定義づけられないとの批判は当初からあったようですが、ゴルトンら優生学者はとにかくその発想を強引に人間に適用していきます。それを実証するために家系を調べて集めてみたり、データベースをつくったりして、それを解析するための手立てとして近代数理統計学が発展しました。回帰分析はもともとゴルトンが発明したもので、ピアソンもまた統計学で著名です。

統計学の考え方が優生学に深く関与したことは、歴史的にどう見ることができるのでしょうか。統計学の歩みを振り返ると、優生学が統計学の発展とともに登場したという歴史的因果関係が、ある程度ですが説明できます。

そもそも、統計学を始めたのは一七世紀後半に活躍したW・ペティです。この人は医師であり、政治家であり、統計学をつくった人で、『政治算術』というたいへん有名な本を出しています。ペティを研究した松川七郎氏は、ペティを「経済学の父」とさえ評していました。

一九世紀前半になると、統計学はA・ケトレーによって転機を迎えます。彼は天文学者であり、社会物理学者でもありました。天体望遠鏡を用いて夜空を観測していたものを、人間社会に向けて観測を行ったのがケトレーの社会物理学のコンセプトです。そこで示されたのが大量観察法で、それによって「平均人」の考え方をつくったわけです。「平均人」はある種仮想の標準的な人間像をつくりだし、近代的な人間観の形成にある程度影響を与えたのではないかと私は見ています。

このケトレーが考案した「平均人」という考え方の延長で、統計学をさらに人に適用しようとしたのがゴルトンといえます。つまり、この「平均人」や正規分布の考え方をベースに、ゴルトンが思うあるべき人間像を物差しに人間の分布をイメージし、「劣者」「不適者」とした人たちの切り捨てを、ある種正当化していったものと思われます。この「劣者」「不適者」とは、具体的には「精神薄弱者」などで、今日でいう知的障害者をはじめとした障害者でもありました。

優生学では、「精神薄弱者」がことさら問題視されました。アメリカで優生学が流行った時の状況を見ると、「由緒正しい健常者と結婚すると、その子孫は健常者が生まれてくる。反対に『精神薄弱者』と結婚すると子孫は『精神薄弱者』がたくさん出てくる」といった認識が多々見られます。例えばゴダード（『カリカック家の人々――精神薄弱の遺伝学的研究』（一九一二年））は一種の優生運動の神話をつくった人ですが、ゴダードはビネーの心理学を用いて「白痴」「痴愚」「愚鈍」を概念付けたとされています。慎重に見ていく必要があるのは言うまでもありませんが、今日にもつらなる知的障害の中身や概念の元となるものが、優生学と絡みながら登場していたという歴史的背景は注意深く観察する必要があると思います。
いま、知的障害者福祉現場では、「この人の発達年齢は何歳なのか」という言葉が飛びかっています。いまは支援のために、あくまでその人を知るための一つの手がかりとして用いられていますが、その軸がぶれないよう、歴史をひもときながら注意すべき論点として意識することが必要に思います。

なお、当時の日本の歴史資料をあさっていると次のような資料も出てきます。一九二六年の『優生運動』という雑誌に掲載されていた求縁広告です。「結婚してください」というアピールに、いろんな血縁者の身長、体格、学歴、職業などを並べていき、「私は血筋がいい」と宣伝しています。ゴルトンら優生学者が示していた、「優良」「正常」「適応者」「健全」「健康」といった存在は、具体的には富裕層、あるいは中産階級の知的労働者らがイメージされていたという、当時の雰囲気が見えてくる資料でもあります。

優生運動社『優生運動』、1926

(2) 確率論に基づく人間観と現代の福祉

この、優生学の「確率論的人間観」ともいうべき人間の認識方法について、福祉の観点からはどう向き合っていくべきなのか。

仮説ですが、「確率論」で人間を見る見方は今もなくなっていない、逆に強化されているのではないかと考えています。


いま、新型出生前診断が広がっています。先週の「毎日新聞」では、厚生労働省が乗り出して国がそのあり方を検討するという動きがレポートされていました。人間を確率論で見た時に導き出される言葉が「リスク」だと思います。障害児の出生を「リスク」と答える思考回路が、おそらくいまも自覚的にせよ、無自覚的にせよ、存在する。新型出生前診断の導入で、今後は「リスク」という言葉で親に産み分けを迫る場面がより一層、広げられていかないか、危惧しています。

かつて、マンガ作品の『ブラックジャックによろしく』（佐藤秀峰、講談社）ではＮＩＣＵが取り上げられ、「ダウン症があります」と、担当医が両親に告知する場面が描かれていました。ダウン症は健康上で課題を抱える人が多く、私が現場にいた時も、合併症などいろんな病気を抱える人と数多く出会ってきました。マンガでも同様に疾患があって、医師は「手術が必要だ。そのために手術のサイン証がほしい」と親に言います。しかし、父親は子どもの障害を理由にそのサインを拒否します。そこで主人公の研修医が、「手術すれば助かるのに死んでしまうのか。それでいいのか?」と奔走する話がありました。

これはバーチャルな話ではありません。先日、「毎日新聞」（二〇一九年五月三一日）では「優生社会を問う　障害新生児　治療拒む親」という記事がありました。子どもに手術が必要で、手術をすれば簡単に治るが、「知的障害があるかも知れない」と聞いた父親が態度を一変させ、治療を拒否してしまい、その結果、亡くなってしまった。これは医療ネグレクトと言われますが、担当医は「どうにかしないといけない」と走り回るが、児童相談所は機能不全で、院内倫理委員会も相手にしてくれないという姿が示されていました。

このような事情で、どれだけの子どもが犠牲になっているか。記事ではそのような実態を示す統計に言及し、筑波大の研究チームによる二〇〇四年の調査報告では、治療拒否が八一件起こっていることや、二〇〇三年から医学雑誌をソースに検索すると過去一〇年間で少なくとも二〇人は亡くなっていた、というデータを示しています。

優生学思想によって切り捨てられやすいのが新生児で、福祉がこうした出生現場に向き合っていくには何が論点になるのでしょうか。現実問題として、多くの親にとって、子どもの障害の発見は大きな心理的動揺をもたらし、戸惑いを抱え、葛藤を抱き、なかなかわが子に向き合えない状態に追い込まれてしまいます。

これを、子どもからはどう見えているかをイメージすることが重要に思っています。産まれてきても誰からも祝福されない、親にもなかなか受け入れてもらえないという状況があるのであれば、まずは、生まれた命を周りが祝福していくこと、その姿勢や態度を社会が積極的に子どもに示していくこと、そのための仕組みづくり、体制づくりを優先的に準備していくことが必要に思います。

4 障害者は「コスト」という発想

（1）統計の見られ方

障害者福祉から優生学の歴史を考えた場合に振り返るべき第二の論点が、障害者は「コスト」という発想であり、具体的には人口問題の文脈で認識されてきたものです。「コスト」という発想は優生学ではよく語られてきたし、相模原障害者殺傷事件でも改めてピックアップされたことでもあります。私自身の見方として、これは戦争によって、より具体的には軍事政策によって典型的に示された発想だと考えています。

軍事政策を調べていくと､近代化の過程では「人間の価値が国家にとってどれだけ貢献できるか」という観点が強く見られました。例えば、イギリスではボーア戦争以降、「国民体力」という言葉が登場し、戦争をするための国民の体力増強が国策として進められていったとされています。日本では日露戦争以降、軍令の仕組みができ、軍部の政治勢力がさらに強まっていくと同時に、国民は「臣民」であり、国民の間でも「国家にとって」という観点が広がっていったと思っています。

こうした「人間の価値」の見られ方の変化について端的に観測できるのが、例えば第一次世界大戦の統計の見られ方だと思います。『戦時下の民族衛生』という資料では、第一次世界大戦の犠牲を統計的に見ることができます。その内容をグラフにしたのが次の図です。

このグラフが、どう読み取られるのか、それがポイントです。第一次世界大戦による「被害」は、軍指導部からはおそらく「戦力の損傷」として受け取られるでしょう。アジア・太平洋戦争を指揮した将校たちは、第一次世界大戦を「総力戦の時代」という文脈で、新しい戦争の時代の幕開けとして理解したり関心を寄せたりしていたはずですが、おそらくは第一次世界大戦の「悲惨な教訓」という文脈はほとんど無視され、理解されなかったのではないかと思います。

つまり、グラフの認識の仕方が大事で、それがその時代の状況をよく表しているわけです。グラフを見た時、その統計を「戦力が損傷した。戦争していくには何が必要か」という観点でこのグラフを見るのか、あるいは人の生にとっての「傷痕」として見るのか、この二つは大きな違いがあるということです。

次のグラフは、先の図と同じく、第一次世界大戦前後に産まれて一カ月、一年で亡くなる率を示したものです。より不利な立場に置かれた虚弱児の死亡率が大戦時に増加を示しているわけですが、そうした子どもたちが十分な医療を受けられず早くに死に向かっていった姿が見えてきます。

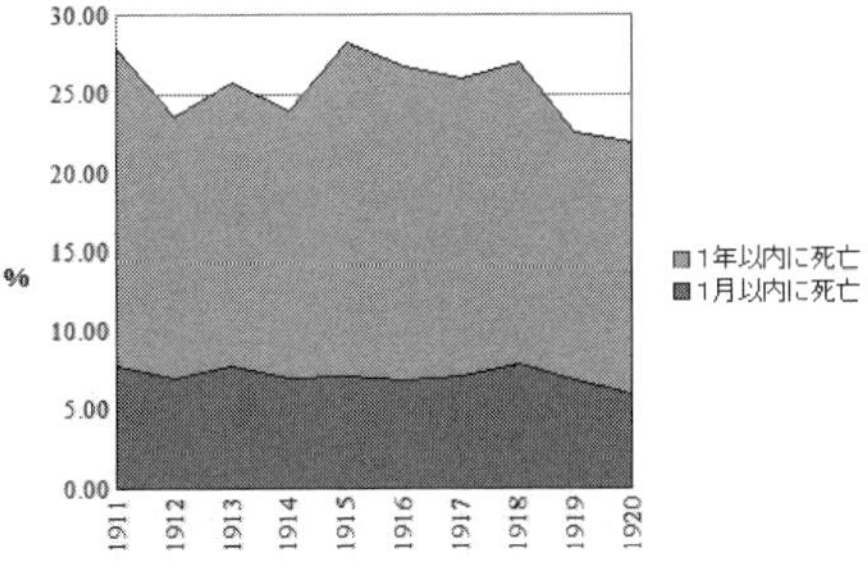

図 4-1　1 年以内に死亡した子どもの割合
Clemens Pirquet (Hrsg.), ***Volksgesundheit im Krieg***, Wien, 1926, S.20 から筆者作成。

親にとっては、虚弱な身体で産まれたわが子を抱きかかえつつ、死に向かう子どもに十分なケアが施せないという葛藤、そして亡骸となっていったわが子を悼みつつも、荒れた戦地でちゃんと埋葬もできずに見送る無念さ、といったいろんな姿が多々あったかと思います。そういった姿を少し考えるだけで、大変痛ましい「傷痕」を示す統計数字として見るべきことがわかります。

国民が傷つく統計が「戦力の損失」と認識されるのか、あるいは「傷痕」として認識されるのかは、人口問題を考える上で質的に大きな違いがあることを強調したいと思います。こうした統計の見られ方は時代によって大きく変化し、見られ方によってその時代の特徴や教訓を導き出すことができるものと考えています。

(2) 統計における障害者

統計の見られ方で、当時の認識を端的に捉えることができることを指摘しました。それでは、近代国家は障害者をどう見ていたのか。

まず、近代国家が国民をどのように見ていたかについてですが、その場合、よく参考になるのが、国家が実施する統計調査です。その統計を考える場合に、踏まえるべきキーワードが命価説です。

命価説は後藤新平が日本に輸入した概念で、主に医療経済学の分野で論議されてきた学説です。人間の資本的価値を測定すること、つまり、どれだけ生産できるかを数字に置き換えていく学説を主張したのが、前述のペティでした。

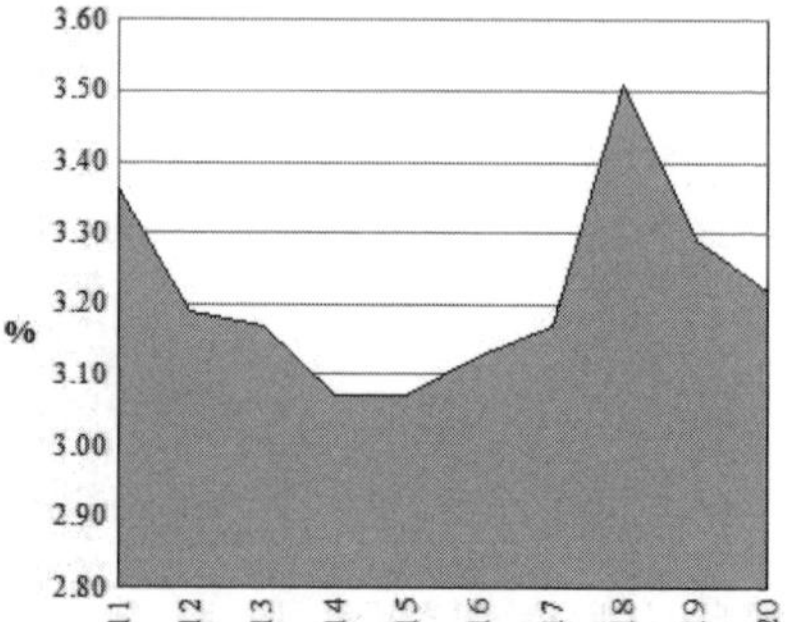

図 4-2 「生まれつき虚弱」(an angeborener Lebens schwäche) によって乳児死亡に至った統計。Clemens Pirquet (Hrsg.), ***Volksgesundheit im Krieg*** ,Wien,1926,S.20 から筆者作成。

いまでいうGNPやGDPといった国の富をはじき出す手段として命価説が登場し、日本ではその実践である国勢調査が一九二〇年から始まりますが、遠くはペティの学説がバックグラウンドにあります。当時の国勢調査を見ていきますと、例えば五一人以上の世帯といったカテゴリーがあるなど、いまとはずいぶん趣が異なりますが、こうした国勢調査を実施していた世界各国では、「不具者」や「白痴」「痴愚」といった障害者統計が細かく出てきます。その意味について見ていくと、障害者人口は「コスト」であって、国富に対するマイナスの因子として差し引くような発想が見受けられます。

(3) 人口問題としての障害者

国家による国民の見方が政策として登場するのが人口政策であり、人口政策のなかで障害者の存在が国家にとってマイナスの存在として扱われる。それが一つの人口問題として扱われてきた過去があります。優生学は、人口問題や人口政策を通して広がった背景があるとされています。

優生学はイギリスが発祥ですが、イギリスではボーア戦争(一八九九-一九〇二年)で兵士の体力低下が問題視され、世界列強と競争していくために体力低下に対して危機感が広がっていました。優生学は、国民体力をどう高めていくかという人口問題とも絡みながら広まったといわれています。一方で、以後、優生学の中心地となるアメリカでは、プロテスタント系白人が移民グループを煙たがっていく状況の中で、優生学が広がっていったことが指摘されています。この中で、人口問題として障害者は「コスト」という認識がなされ、「コスト」をどう削減するかという文脈の中で、一つの処方箋として出てきたのが断種法ということになります。

『優生学講座』でもよく用いられていた、ポペノーとジョンソンによる『応用優生学』では、優生学が当時どのように認識されていたか、ある種、その全体像を示す資料としても読み取ることができます。そこでは「精神薄弱者はアメリカでは三〇万人存在し、彼等の社会への価値はゼロである。これらを根絶すれば国家の負担は軽くなる」といった「コスト」という観点が出てきます。このような観点を含め、日本でも断種法が論議されていきます。

具体的には、人口政策として「強制不妊手術を合法化する断種法をつくるべきだ」という主張が、一九三〇年代から一層盛んになっていきます。例えば、永井潜が「文化が爛熟すると遺伝的組織をもつ階級の者は子どもを欲しくなくなる。劣悪な者への保護がいきすぎると、劣悪な者がはびこり、逆淘汰が起こってしまい、民族の衰退を招く」と主張するなど、人口問題を念頭に断種法の制定が声高に叫ばれていきます。その延長線上に、一九四〇年に断種法である国民優生法ができてしまいます。

国民優生法をどういう意図でつくったのかを国民に説明する、厚生省による『国民優生図解』という資料があります。そのパンフレットでは、例えば、「不健全」な人と「健全」な人を並べた時、三〇年後、六〇年後、九〇年後、一二〇年後、「不健全」な人が圧倒的大多数を占めるような国になってしまう、そうならないようにこの法律が大事であるとの説明がなされています。つまり、時代とともに「健全」な人が減って「不健全者」がどんどん増えていくという意味の人口問題を語りながら、断種がその処方箋として認識されていたわけです。

（4）「コスト」発想にどう福祉が対峙していくか

このような歴史を現在の福祉から振り返った時、検討すべき論点は数多く導きだされると思います。ここでは三つほど提起してみたいと思います。

論点の一つ目は、アメリカでは、優生学の広がりは移民問題とも関係してきた背景が指摘されていたことです。これは、これからの日本で、障害者だけでなく、とりわけ外国籍の人々への差別が、今後さらに強まりかねないことを示唆しています。

いま、日本は移民政策を転換させ、二〇一九年四月一日に改正入管法を施行したところです。外国籍の人をマンパワーとしては受け入れていくが、あくまで一人の市民としてではない。従来から技能実習生への劣悪な処遇が問題視されてきましたが、いま、人権が抑圧された状況で外国籍の人がただただマンパワーとして動員されていたり、その子どもにも十分な日本語のサポートがなされず、結果として学校でＩＱが低いと一方的に見なされたりしています。こうしたなか、かつてアメリカが優生学思想のまん延で経験した差別が反復されないか、危惧されます。

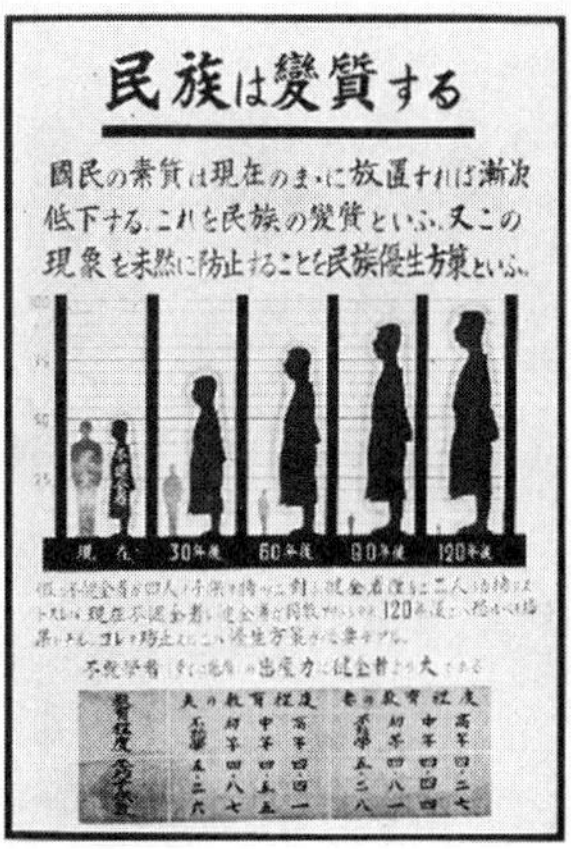

厚生省予防局編『国民優生図解』、1941

論点の二つ目は、優生学が主張してきた「コスト削減」とその手立てが、必ずしも医療政策や福祉政策では丁寧に顧みられていないこと、今日の低医療費政策や、福祉抑制政策に結びつくことの危険性です。例えば、「健康寿命」という言葉が最近よく使われだしていますが、健康寿命と聞くと、では健康じゃない寿命とは何なのかと考えてしまいます。うがった見方かも知れませんが、ターミナルにある人や障害者を暗に否定していないかと危惧しています。というのも、一九八〇年代から低医療費政策や福祉抑制政策に突き進んできた過去を振り返ると、健康寿命という言い方は、国からすれば医療や介護を必要としない、「社会保障費抑制貢献グループ」として見えているように思えてなりません。

健康寿命が強調されると、今度は健康でない人たちが肩身の狭い思いに追いやられてしまわないか、どうしても気になってしまいます。特に、同調圧力が強く働きやすい社会にあって、「強いられた死」の問題が出てくるのではないか。実際には医療費はそれほど高くないのに、やたらと終末期医療に対する攻撃とも見える批判が強まっている姿を見せつけられると、「社会保障費抑制貢献グループ」と、そうでないグループとの分断が待ち構えていないか気がかりに思えてきます。

このような社会からのプレッシャーで、ひっそりと、見えないところで「安楽死」を選ばされるような人たちの数が上昇しかねないのではないか。今後はこうした自己選択として不可視化される貧困、あるいは死亡現象の統計に意識的に関与していくことが必要に思えてなりません。

論点の三つ目は、生存曲線の見直しです。近代化、現代化に伴い、生存曲線はかなり改善してきました。医療が行き届かない国であれば乳児死亡率が高く、子どもはたくさん生まれてくるが、どんどん亡くなってしまう。それが時代とともに改善され、生きることができるようになってきた。乳児死亡率が低く、多くの人が長寿を全うしていく。これが現代の生存曲線のおそらく一般的な認識に思います。しかし、いま、この認識を変えることが必要だと思っています。

言葉はまだ不適切に思いますが、出生前に亡くなってしまう「生前死亡率」とでも呼ぶべきカテゴリーをつくると、曲線はどんなカーブを描くのか。子どもができたが、出生前診断、とくにこれからは新型出生前診断が大胆に実施されていく時代になるのかも知れませんが、こうした堕胎を考慮に入れたとき、近代化で改善されてきた生存曲線の認識を見直さないといけない局面にきているのではないか。

おそらく世界のどこかですでに研究の積み重ねがあるはずで、今後検証をやろうと思っている仮説なのですが、「生前死亡率」を加えた現代の生存曲線は、妊娠からその曲線を描きはじめると、まずは出生の段階までに下降現象があり、その後はなだらかになって再び下降していくというグラフになるように思えて仕方がありません。こうしたグラフを前にすれば、過去と現在と、どれほど状況が「改善」しているか、それをより俯瞰的に考え、論議できる一定の余地が出てくるのではな

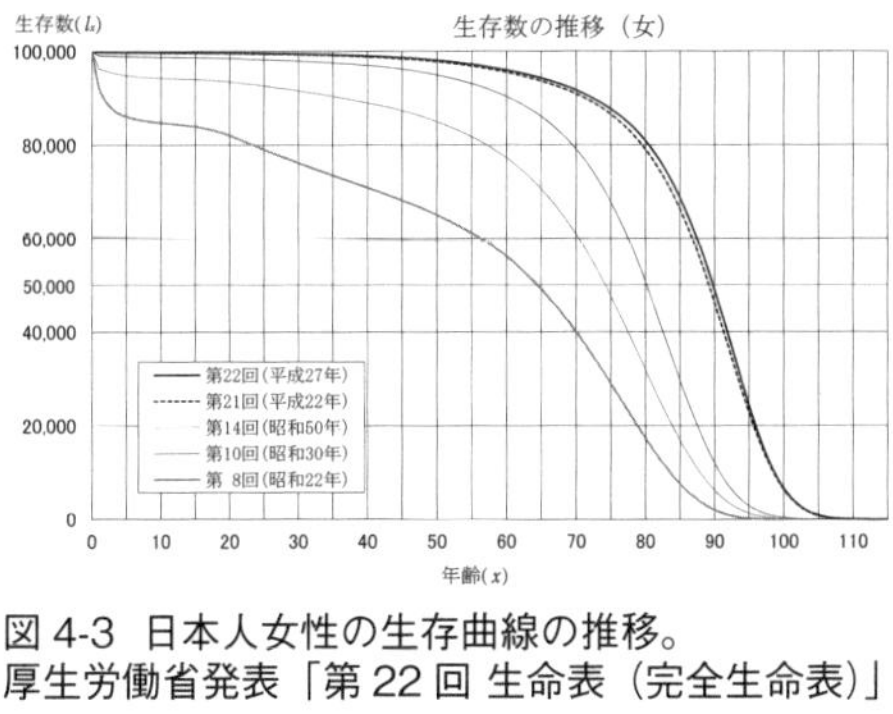

図 4-3 日本人女性の生存曲線の推移。
厚生労働省発表「第 22 回 生命表（完全生命表）」

いのでしょうか。

●5 障害者＝犯罪者という認識

(1) 障害者＝犯罪者の構図

障害者福祉から優生学の歴史を考えた場合に、振り返るべき第三の論点が、「障害者＝犯罪者」という認識です。これは、これからの障害者福祉を考える上で直接的な問題です。

東野圭吾さん原作の、『プラチナデータ』という映画が二〇一三年にあり、人間が犯罪をするかどうかは生まれ持った遺伝子で決まるというバーチャルな世界が描かれた作品でした。こうした話は実はバーチャルでなく、リアルな話として論議されてきた過去があります。

犯罪者＝障害者という構図の形成には、間接的に、あるいは直接的に優生学が関与してきた過去が認められます。『優生学講座』では、犯罪は遺伝にもとづくとの認識が示されていたり、犯罪は素質によって引き起こされる原始本能の現れで、それが時として精神病や「精神薄弱」によって生じてくるものとされていたり、犯罪をする精神病的欠陥者には身体的奇形、つまり変質徴候が現れるとされていたりと、社会防衛的な思想で精神障害者が扱われ、犯罪との関係が断定的に論じられています。そして、社会的な整備で外因を取り除いていくことは大事だが、犯罪者の内因、つまり精神障害の有無に対処していかないと絶対に効果は出ないとしながら、参考にすべき事例として、アメリカでの断種法について詳しい解説がなされています。

ここではやはり、イタリアの精神科医C・ロンブローゾによる「生物学的犯罪学」、あるいは「生来性犯罪人説」が紹介されています。ロンブローゾは犯罪現象を人間の顔の形、頭蓋骨の形状といった見た目を測定して判別することができるとしながら、それは遺伝的素質によって決まるもので、犯罪は生まれ持って宿命付けられたものであるとしました。犯罪は原始人や下等動物のような先祖返りの現象であって、人は犯罪をするかどうか、顔の形によって判断することができるとしていました。

ロンブローゾを歴史的に捉えると、その前提として見えるのが、一九世紀に流行した頭蓋計測学です。頭蓋骨の大きさから人をランク付け、ギリシャ人は進化しているが、黒人は頭が小さい、退化しているとしながら、黒人をチンパンジーより「下等」にランクづけようとしていました。その延長でロンブローゾを見ると、対象を頭蓋の大小から顔のかたちに変えて判断していこうとした歴史的つらなりが見えてきます。

顔で犯罪をするかどうかを決めつけるのは明らかに差別行為ですが、犯罪学史を眺めていると、はたしてその問題性はどこまで自覚され、克服されてきたのか、不安になることがあります。

『優生学講座』では、精神病は大抵、素因（遺伝）によるものと断定しながら、その身体的な特徴を並べた「身体的変質兆候表」というものが出てきます。「変質」とは、精神的に社会生活に不適応な傾向を示すもので、健康人は環境の変化に適応できるが、「変質」者は社会生活に適応できない素質を備えている人のこと、反社会的思想もその「変質的思想傾向」だとしながら、それは身体的な特徴に現れるとして、その特徴を一覧表に並べたものです。

たとえば脊柱が湾曲している、手足の指の数が異なる、生まれもっての脱臼、顔の形、頭の形が違うとか、人と違う見た目のありとあらゆるところに固執しながら書かれてあります。こういうことを示しながら、「犯罪者の精神作用及びその神経系統には、何等かの病的欠陥があり、此の一時的又は持続的の精神障碍が直接の原因となつて犯罪を発生するに至るものなることは、誠に明らかなる事実である」と断言してしまいます。

(2) 監禁される障害者

このような論点を考える上で、示しておきたいのが呉秀三と樫田五郎による一九一八年の業績です。呉秀三は日本の精神医学の定着にたいへん貢献した学者で、医学史研究に従事したり、社会事業を実践したりした一方で、フィールドワークを通して精神障害者の窮状を説明しながら法改正を迫る働きかけをしました。

当時、一九〇〇年に成立した精神病者監護法によって、多くの精神障害者が私宅監置の仕組みによって合法的に監置室へ隔離されていました。その実態は相当厳しい状況があったわけですが、その「厳しさ」を可視化するフィールドワークを呉はしたわけです。

例えば、図のような写真があり、監置室の中に精神病者が閉じ込められています。厳しい監置の姿は貧困層に限らず、富裕層にも出てきます。富裕層でも精神病者がいることは貧困に陥るきっかけになっていたことが示され、貧困原因として深刻な状況があったことが指摘されています。精神病者が罪人のように扱われていたことを告発しながら、呉は一九一九年の精神病院法制定に奔走しました。

（3）障害者＝犯罪者の今日的な論点

いまの障害者福祉から「障害者＝犯罪者」構図の問題を考えると、どのような論点が指摘できるのか。ここでは三点指摘したいと思います。

呉秀三『精神病者私宅監置ノ実況及ビ其統計的観察』、1918

第一は、ＪＲ認知症鉄道事故裁判の問題です。二年ほど前に確定した裁判ですが、名古屋にお住まいのご高齢の男性が外に出かけ、電車に轢かれてしまった。男性には認知症があり、ご家族は献身的な介護を行っていました。ご遺族がショックをなんとか乗り越えようとしていた矢先に、ＪＲは弔慰もないばかりか、逆に遅延させられたことなどを理由に、ご遺族に対して七二〇万円の請求書を送りつけたのです。驚いたご遺族は裁判に訴えましたが、家族が見守りを怠ったとして一審、二審とご遺族に賠償を命じる判決が下されてしまいました。

三審でなんとか覆りましたが、認知症者は他人に迷惑を与える、閉じ込めなければならない、という古くからある意識構造が、いまもそれほど変わっていないことを象徴的に露見させたように思います。この一連の記録は、高井隆一『認知症鉄道事故裁判　閉じ込めなければ、罪ですか?』(ブックマン社)として二〇一八年に出版されました。

二〇一八年といえば、前述した呉秀三が非人道的な私宅監置の問題を世に問うてちょうど一〇〇年でした。精神科医療、あるいは精神障害者福祉の一〇〇年間を総括すると何が見えてくるのか、それをいま、丁寧に考えていく必要があるように思います。

第二は、引きこもり者への報道の問題です。二〇〇一年の六月に起こったのが附属池田小学校事件です。ここで取り沙汰されたのは、「精神障害者だから事件が起きた」という言説です。「障害者だから事件を起こした」「障害者を監視しないといけない」。そして医療観察法がつくられました。

こういった目線がいまも変わらず引き継がれていることを示す事象が、二〇一九年川崎市の殺傷事件を通してあったかと思います。最近、引きこもり者への支援団体や家族会が相次いで声明をご発表なさいました。川崎市の殺傷事件の一連の報道で、「引きこもりが犯罪をする」「引きこもりは犯罪予備軍」といった、誤解を招いたり、印象づけたり決めつけたりする報道が目立ったからです。

重大な犯罪が起きると、やたらと精神疾患や精神障害だけを取り上げて問題を認識しようとする姿は、『優生学講座』で示されていた思考回路と同じで、ある種、一〇〇年間、何も変わっていないのではないかとさえ思います。

第三は、「ロンブローゾの足かせ」とも呼ぶべき問題です。「障害者=犯罪者」という論理構造で精神障害者への認識が歩んできた歴史があり、ここには科学的裏付けが見えないにもかかわらず、一つの常識として根付いてきてしまいました。犯罪学の、犯罪は素質か、環境か、いやその相互関係で起こるのか、という理論的な枠組みはある程度戦後の福祉にも持ち込まれていったはずで、それは少なくとも一九四八年から児童福祉領域に紹介されていたことを、先日確認したところです。

児童福祉の現場で、障害児の現場で、あたかも子どもを犯罪因子として、生まれもって犯罪をするような目線で実践に赴いてしまう福祉従事者をイメージした時、犯罪を宿命として考えるロンブローゾの立論は、子どもの幸せを願い、一人一人の状況に向き合う福祉実践にとって、何かしらの「足かせ」として作用していないか。子どもとどう向き合い、理解し、かかわり、支援していくのか。そうした実践現場で、「この子はもともと非行に走る宿命にあった」といった諦めのような見方が知らず知らずの間に入り込んではこないか。少し自覚的に取り組む必要があるように思います。

●6 戦時・戦後の優生政策と障害者

(1) 戦時優生政策

周知の通り、日本では断種法となる国民優生法が一九四〇年に成立します。いろいろな反対もあったわけですが、成立の背後にはやはり戦争という時代状況があったと私は見ています。重視すべきなのが、この法律は国民体力法とセットで成立したことであり、この二つの法律を並べてはじめてその政策的な意図が理解できることです。

国民体力法は、徴兵検査で成績が悪いとされた丙種合格となる人たちに対して、より成績の良い乙種合格へと引き上げるための錬成を目的につくられた法律です。当時、兵隊の担い手とされた青年を蝕んでいたのが結核で、結核対策を中心に国民の健康状態をできるだけ向上させ、良兵を確保していくという狙いがありました。

当時は戦争を維持遂行していくための兵士の確保、とりわけ徴兵検査成績の「低調」に対して軍部の強い危機感がありました。徴兵検査成績を向上させ、できるだけ数多くの兵隊を動員しようという軍事政策的な意図から、国民優生法を捉えていくことが必要であると思っています。まずは戦争を維持遂行するための軍事政策があって、その下で健兵・健民政策や保健国策といった政策がとられていったわけです。

アジア・太平洋戦争の時代になると、おそらく民衆の間でも、徴兵検査成績が国民の枠組みに入るかどうか、つまり非国民とされてしまうかどうかといった物差しとして見られるようになっていったかと思います。当時の成年障害者の記録に目を向けると、自分は先天性の障害があって、兵隊にもなれぬ「非国民」だ、と言って自殺を決意するような声が出てきます。まだ十分に実証ができたわけではないですが、こういった先天性の障害者を相手に、そもそも産まれないように準備したのが国民優生法であって、そこにはやはり戦力確保の意図や論理が強くあったのではないかと私は見ています。

当時、日本が見倣っていたドイツでは、「価値ある生と価値なき生」という話が強調され、例えば次のような主張が出てきます。「民族共同体の経済力に大きな負担を背負わせてきたのが反社会的人間であり、重症精神病体質者。人間は環境の産物ではなく、遺伝的な素質。だから、劣等な素質を抑制することが最も崇高な義務となるべき。価値なき生命がたんまりと栄養分を頂戴してすくすくと成長するは愚か。『白痴』は自発的に犠牲を選び、子孫を断念すべきことを民族共同体は個人に要求する。」（ルドルフ・フレルクス『ナチスの優生政策 Deutsche Rassenpolitik』）

ナチスの優生政策では露骨に障害者が採り上げられ、「この人たちは価値がない、だから淘汰させないといけない」と堂々と語られていきます。読むことすら、しんどさを覚えるものですが、こういう話は日本にも輸入されているはずで、それが戦後どうなったのか、気がかりに思っています。

（2）戦後の被害拡大について

ご承知のとおり、日本では戦後に断種の被害が大きく拡大していきます。国民優生法は優生保護法に変わり、しかもその対象は拡大していきます。

人口政策の観点から被害拡大を見ると、戦時中は人手不足だったが、戦後に大きく転換し、今度は人口が多すぎる状況になり、その人口の抑制のための手立てとして、あるいはその後の高度経済成長では生産性が強調され、優生思想が猛威を振るった姿が見えてきます。

一方で、一九五〇年代に「青い芝の会」が発足し、七〇年代に障害者解放運動が展開していく。そこから優生政策、強制不妊手術に対する疑問視が社会に広がっていったかと見ています。最近、清水貞夫先生が『強制断種・不妊、障害者の「安楽殺」と優生思想』（クリエイツかもがわ）という本をご出版されました。障害児教育でたいへん著名な先生ですが、障害者施設入所が優生手術と引き換えに認められていたこと、北海道では施設運営者に優生手術を促す通知を出していたことなど、優生思想や優生保護法が福祉現場にかなり厳しい影を落としていたのではないかといった論点が扱われています。

こうした優生手術の問題はハンセン病者にとっても大きな傷痕を残してきました。本学の人権教育研究センターでは、フィールドワークで沖縄のハンセン病療養所である愛楽園を訪れました。その施設の中に「声なき子どもたちの碑」が立っています。そこでは入所者に不妊手術をしていた実態を学びましたが、この問題はまだしっかりと振り返られているようにはとても思えませんでした。

優生保護法による被害の状況を図式化したのが、「旧優生保護法に基づく強制手術数と関連予算」のグラフです（「毎日新聞」二〇一八年五月四日、https://mainichi.jp/articles/20180504/ddm/010/040/025000c）。一九五五年前後がピークですが、たくさんの方々が「強制不妊手術」を受けさせられてきました。これをどう見るか。障害者福祉の観点からグラフを、どう解釈していくべきなのでしょうか。

（3）強制不妊手術被害者への賠償

現在、被害者の方々が立ち上がって裁判を起こし、結果、「強制不妊手術は違憲である」という裁判結果を勝ち取ることができました。そして、二〇一九年四月二五日に、ようやくですが、強制不妊手術者に対する救済法ができました。

「違憲である」と裁判所が明示したこと、強制不妊手術を補償する仕組みができたこと自体は画期的でした。しかし、判決はまだ不十分です。そして救済法も課題が多く、補償内容が不十分であること、責任主体がハッキリしないこと、被害者へ一時金支給の通知をしないこと、公文書の管理が余りにもずさんで誰が被害を受けたかすら不明確なこと、なぜここまで被害を拡大させたのかを検証するための対策が不十分であることなどが指摘されています。また、なぜ、補償に被害者が出て運動せざるを得なかったのか、そのことも考えないといけない論点だと思います。司法関係者でない一般の方々が、自分の顔を出して、お金を工面して、いろんな人の助けをもらい、裁判をやっていくのは相当大変なことだと思うからです。

●7 優生学の歴史を踏まえた障害者福祉の論点について

(1)「監視」と「支援」の切り分けについて

『優生学講座』の論点を振り返ったとき、いま、障害者福祉にとってどんな実践が必要か、制度・政策ではどのような論議が必要なのか。

多くの論点が考えられますが、まず、第一に強調したいのは、「支援」と「監視」を切り分けることです。優生学で最も矢面にされてきた精神障害者への医療や福祉は、呉秀三のレポート以後一〇〇年間でどの程度改善したのか、評価に苦慮してしまう有様にあることを指摘しました。

そもそも、精神障害者に対する社会福祉サービスは一九九五年の精神保健福祉法からで、身体障害者福祉法制定から半世紀もの間、放置されてきました。さらに言えば、実際に精神障害者が社会福祉サービスを受けられるようになったのは二〇〇六年以降で、本格的な福祉政策としての対応はむしろ「これから」だと認識すべきです。

このような遅れた精神障害者福祉施策の状況を象徴しているのが、治安対策と福祉対策が一体になって混淆していることだと思っています。精神保健福祉法では強制入院の仕組みが規定されています。あくまで形式的には治療のためですが、強制入院では隔離・拘束がなされます。しかし「治療のため」を証明するデータが存在しないかあるいは乏しいこと、現場の方々にヒヤリングすると「関係性構築」のために隔離・拘束をしているという話に出くわしたり、実際にいま隔離・拘束にある方々に会いに行くと、治療目的とは到底思えない状況にあったりします。人員不足で厳しい病院現場のなかで、やはり医療の現場というより「監視」という側面を強く考えざるを得ない。

「監視」と「支援」はベクトルの違う、まったく別種のものです。ある種、現場職員はその両方の役割を担わされており、それが混在している限り、本人からは医療者や支援者という仮面を被った監視者として見えてしまうのではないでしょうか。「あなたのためだから」と言いながら話をしていたとしても、それが建前としか聞こえないような仕組みになってしまっていないか、その制度的な問題を考えることも必要に思います。児童福祉法では、児童保護を行う職員と親支援を担当する職員とを分けるという法改正が行われたところで、これは精神保健福祉法も参考にすべきポイントであるように思っています。

(2) 本人の意思の尊重について

第二は、「本人の意思の尊重」についてです。

意思に寄り添う実践のための制度的な整備は、むしろこれからだと思っています。どう本人に寄り添っていくか、福祉の現場ではこれまで丹念に実践されてきた積み重ねがありますが、それをどう政策に反映させていくか、制度的にどう担保し、保障していくかは、依然、空白になったままだと認識しています。

例えば、現場ではプリキュアの鉛筆一本を躊躇する知的障害のある利用者さんの姿があります。一本六五円です。それを買おうかどうかで一時間も悩む。「安いですし買ったらええですやん」というと「いやあ…」とずっと悩んでおられました。財布にあるのは本人のお金ですが、本人は自分のお金でないと思っている。というのも、後見の人が「無駄な買い物をするな」と逐一「監視」をしていたからです。ですが、当たり前ですが、本人が働き、年金を貯めてこられたお金であり、本人の財産です。それを成年後見人が出てきて自己決定できないようにしてしまっていたことが、よくありました。

また、相談支援の現場でも、次のような姿をよく見てきました。相談支援はかなり多忙です。時間が限られた中で面接をすると、どうなるか。知的障害のある方とコミュニケーションをとると、相談支援従事者にとってなかなか話を進められない。だから、相談支援従事者は母親と話を進め、最後の所だけ「いいですよね」と本人に向かって了承を求め、本人は「はい」と言うしかない。結局は本人の意思が尊重されない形で本人の生活設計書でもあるサービス等利用支援計画が作成されていく。

自己決定の尊重は当たり前のこととして認識されつつあると思いますが、現場ではなかなか実現していない。ですが、こうした一つ一つのリアルな問題があって、その延長線上に、ある種象徴的な問題として、本人の意思をないがしろにしてきたのが「強制不妊手術」であると見るべきだと思います。

先ほど、優生保護法の被害の状況を示したグラフを提示しました。一九五〇年代をピークに、多くの方が強制不妊手術の被害に遭ってきた。これをどう見るべきなのか、障害者福祉の課題としてどう解釈すべきなのかについて問題提起しました。さらに、冒頭では優生学の特徴として、あくまで個人の立場ではなく「民族」や「国家」、「公共」といった立場から考えることであることを指摘しました。

優生保護法では、「優生保護」のため、本人の意思に関係なく、場合によっては身体を拘束して、あるいは薬を使って、ウソをいって手術をしてきた。そのグラフに示されている一つ一つの数の背後には、本人の意思をないがしろにしながらたくさんの方々に手術をしてきたリアルな姿をイメージすべきであって、このグラフは「傷痕」として認識すべきです。その「傷痕」を前にしてこそ、初めて「本人の意思の尊重」がリアルな問題であるという気づきが与えられるのではないか。こういう目線からもグラフの「傷痕」を振り返っていく必要があるのではないかと思います。

（3）「二重のふるい分け」について

第三は、「二重のふるい分け」という概念です。

障害者は排除の対象として幅広く認定されてきたのですが、保障の対象にはなりにくい。排除の観点から障害が認識される場合は幅が広く、保障の観点から障害概念が認識把握される場合は極めて狭い。障害があって社会から排除されても、救済されず、そこからこぼれ落ちてしまう人たちは放置されてきた。

その典型は精神障害者だと思います。例えば、ハラスメントを受け、うつ病を患い、退職したとします。するとどんな支援を受けられるかというと、ない。でも明日からの生活がかかっている。どうしたらいいいか。年金を受けたい。でも窓口では「あなたは対象ではない」といわれて素っ気なく帰されてしまう。年金保険はそもそも精神障害者にとって不利な仕組みで設計されてきたし、最近はさらに障害年金が受けにくくなっている節が見られます。こうした問題を、政策論として考える必要があるのかなと思っています。

（4）ナチス・ドイツの教訓について

第四は、『優生学講座』の内容をもっとも極端に体現したのがナチス・ドイツで、そのナチス・ドイツの優生政策からの教訓です。

これは二つあって、一つ目は、いわゆる福祉排外主義の問題です。

ナチス期よりもさらに遡ることになりますが、ビスマルク期では「負の統合」といわれる政治手法があり、誰か一部をいじめて、みんなで結束を図ろうという論理があり、そこからドイツ帝国として統合していくプロセスがあった。これはビスマルクの社会保険、つまり社会政策の成り立ちに深く関与していたとの見方もあります。

「負の統合」後、待ち構えていたのがナチス・ドイツで、そこでは「負の統合」と何かしら共通するような、人間の「線引き」や「間仕切り」のような政治があった。これは、同じような人で括ってしまう社会政策で、「あなたはドイツ人なので手当を出す。あなたはドイツ人ではないので排除する」と、線引きや間仕切りのようなものがあり、そこから排除された人に準備されていったのがKZ（強制収容所）だったと言えます。KZはさまざまな人たちが対象とされましたが、ナチス・ドイツが想定したあるべき人間像があって、そこから漏れる人たちを隔離・排除していくための施設としても捉えることができてしまいます。

こういう、保護と排除を一体的に行う社会政策は、これからも大なり小なり起こり得ると思っています。福祉排外主義という言葉がありますが、おそらく、優生学思想の問題と関係しながら、今後の日本の福祉政策では、外国籍の人の福祉適用をどうするか、労働力市場から追い出された外国籍の障害者に対する福祉適用をどうするか、という問題が良くも悪くも関心を集めるようになっていくと考えています。これについては、愼英弘先生による在日朝鮮人の歴史研究があり、そこから応用学的に考えていく必要があると思っています。

二つ目は、福祉実践での教訓です。

KZは国内外に一〇〇〇施設あったといわれ、規模も目的もさまざまで、ユダヤ系の人々だけでなく、共産党員、社会党員、牧師、シンティとロマ、ホモセクシャル、エホバの証人、障害者、反社会的行為を行った人などもいました。いろんな人たちをどういうふうに隔離・管理したのか。例えばピラミッド型に人間を序列化していたKZがあります。

三層構造にして、ピラミッドの上に立たせた収容者にはベッドが与えられ、比較的良い暮らしをさせる。その収容者にはその「下」に置かれた収容者を管理させ、迫害に加担させる。その下に置かれた収容者には、さらにその「下」の立場に置かれることを恐れさせ、下の収容者を管理させ、迫害に加担させていく。同じユダヤ人どうし、収容者どうしに上下関係を強いて、対立しあう構造を巧みに利用していたのが巨大なKZの仕組みでした。

それを、福祉現場は強く意識する必要があると思います。入所施設では三人で二〇人の利用者さんを支援したりする。少数の人が多数の人を支援する時に何が起こるのか。現場で見てきたのが、声の大きい利用者を優先的に処遇し、その人を起点に全体を管理していくような手法です。そういうやり方をすると、必ず「いじめられる人」をつくりだしてしまう。その手法自体は遡ると実はKZにも結びつき得る論点であって、やはりナチス・ドイツの歴史と無関係ではない気がいたします。

(5) 人口統計を「傷痕」として見ていくこと

第五は、優生学は排除の人口統計利用だったと特徴づけることができることです。社会科学には、それに対抗していくための認識、あるいは分析が求められるのではないか。

本学の沖縄のフィールドワークでは、沖縄戦で起こった対馬丸撃沈事件の資料館にも訪問しました。当時、多くの潜水艦が潜む海上に船で繰り出すのは自殺行為でしたが、なぜか沖縄の子どもたちは次々と疎開船に乗せられ、沈没させられ、一四八二人以上が海に沈んでしまったとのことです。ではなぜ、出港してしまったのでしょうか。ミュージアムの語り部の方が次のようなご指摘をなさっていたのが示唆的でした。それは、子どもたちは戦力にならず、地上戦を行う上で邪魔な存在とされ、学校を兵舎として戦争に動員させていくための「戦場にするための疎開」であったとのことです。

当時、軍隊では人の命よりも銃や弾薬といった兵器の方がはるかに重視されていましたが、その論理は沖縄の子どもの命にまで徹底されていたのです。そして、当時は厳しい箝口令が敷かれ、「海上がいかに危険か」という情報はまったく伝わっておらず、対馬丸撃沈の事実すら隠されていたことを史料とともに指摘なさっていました。知らなかったとはいえ、子どもたちをある種「善意」で疎開船に送り込んだ教師たちには、その後どのような思いが待ち構えていたのでしょうか。

記念館では一階のフロアに大きなスペースを取り、犠牲者の名前に年齢を加えた展示がなされていました。亡くなった大多数は子どもです。一四八二人という莫大な数値はある意味統計的な数値に見えることになり、へタをすると一人一人の個性が見えなくなります。名前だけでなく年齢が加えられていたことで、本来、一人一人の子どもたちには個性的な将来が待ち構えていたはずであり、それが一方的に奪われてしまったことを否が応でもイメージさせられます。これは別の表現を使うと、「生の可能性」を剥奪したことを示すことでもあると思います。

「生の可能性」という視点はとても重要に思います。それを実現するための英知としても、社会科学、とりわけ統計学はあるべきだと思います。例えば、一九六五年の世代別人口統計のグラフを見ると、二〇歳の人が異常に低い。これは間違いなく戦争の影響です。戦争で子どもを生めなかったからこれだけへこんでいるわけです。つまり、戦争の影響によって人口分布がいびつな形をしている。このいびつな形は「傷痕」として考えるべきです。この「傷痕」は人口増加に波を与え、その後急激な高齢化に反映していったはずで、今日の急激な高齢化で激しく動揺する福祉をひもといていくための視点にも成り得ます。

人口のグラフに「傷痕」がつく原因は何か。私なりに世界史を調べてみると、疾病、戦争、人口移動、公衆衛生の問題がありました。こうした「傷痕」を踏まえて衛生史家のH・E・シゲリストは次のように指摘しています。「飢えは人民大衆をぎせいにして少数者（富裕層のこと――報告者）の利益のために発展した文明の性格から起こっている」と。そして、C・ターナー・サクラは「不必要に死にゆく人たちの推計」を考え、「このような不必要な死亡率、人命の消耗をわれわれはむとんちゃくにみることができようか」と問題提起しています。

対馬丸撃沈事件では死ぬことがわかっていたにもかかわらず出航させ、撃沈され、子どもがたくさん死んでしまった。無駄に死にゆく人たちについて、こうした、予見できる死亡現象にどう活路を見出すか、そこに統計学の英知を注いでいくべきだということを言っているわけです。

そもそも統計学の歴史を見ていくと、統計学はペティだけではなく、同時代を生きた、J・グラントの業績とともにスタートしたことが注目に値します。グラントが統計学で光を当てたのが乳児死亡率の問題で、当時、ロンドンで産まれた子どもの約三六%は六歳以下で死亡していることを指摘しました。早い段階で子どもが死んでいる、これを日本では丸山博という公衆衛生学の先生が、「死への速度」として捉えました。産まれた子どもがすぐに死に向かって猛スピードで進んでしまう。それを問題として扱うための概念として登場してきたのが「生の可能性」というキーワードでした。

優生学は統計学的な思考がベースにあることを指摘しました。優生学では誰かが決めた一定の人間の枠組みがあり、それから漏れてくる人たちを特定し、追求するために統計学が用いられた経緯がありました。優生学による統計利用は排除の論理として用いられたと言えるわけです。グラントや丸山博の業績からは、統計学は、「生の可能性」を広げることを重視して適用させていくべきことを読み取ることができると思います。呉秀三の業績も、そういった「生の可能性」を拡げるための障害者統計としても再評価されることが必要に思っています。

●おわりに

おわりに、昔は「魔女マーク」、今は「蓋然性」「傾向」、そして断種手術の「傷痕」という歴史を指摘して終わりたいと思います。

よく知られているように、中世ヨーロッパでは魔女狩りが行われていました。魔女狩りというのは、悪魔からキスをされた痕、つまり魔女マークをもって認定されたり、自白を強要されたりして、吊るされて焼かれたわけです。先に引用したシゲリストは、魔女狩りの犠牲になった人たちには精神障害者が多分に含まれていたことを指摘していました。

キリスト教では「隣人愛」という言葉が大事にされています。隣人に困っている人がいたら助けないといけない、しかし、「助けるのはしんどいな」という時、「この人は実は魔女だった」とすると、気持ちの整理がつきやすい。ある種のいじめの論理として魔女狩りが広がってしまった状況もあった。福祉でもこうした歴史が扱われていて、佛教大学の朴光駿先生は、イギリスでの魔女狩りについて綿密な研究を行いながら、社会福祉の対象となるような貧困な女性が、スケープゴートとして魔女狩りにされていった歴史について言及なさっています。

近代化とともに魔女狩りは止みました。しかし、入れ替わるようにして広がったのが優生学であり、断種でした。そして、魔女マークは、統計学的に何かしらの「異常」を示すような「蓋然性」「傾向」

にとって代わっただけではないかと私は考えています。戦後も、日本では障害者は「コスト」などと吊るし上げられるようにして手術台へと運ばれていった。手術の痕は、そのマークとして、その人にとってその後の人生にさまざまな苦しみをもたらしたはずです。

ＩＱが低い「傾向」にある、あるいは障害があるという「蓋然性」が認められる、といった論理で、近現代では障害者が「劣者」としても選別されてきた過去があること。それを魔女狩りの歴史と重ね合わせて考えた時、断種による手術痕は、社会によって一方的に「劣者」とされ、犠牲とされていった現代の魔女マークとして認識すべきなのかもしれないと考える次第です。

（花園大学人権教育研究会第108回例会・二〇一九年七月三日）

小学校教科書の変遷
特に昭和二〇年代に焦点をあてて

菅　修一

●報告者と昔の教科書との出会い

花園大学の図書館司書資格課程におります菅修一と申します。演題は「小学校教科書の変遷　特に昭和二〇年代に焦点をあてて」でございますが、主に当時の国語の教科書について、戦争と平和の切り口から教科書を紹介させていただきます。私の専門分野は図書館情報学になります。教科書史専攻といたしておりますが自称でして、教育史を専攻しているわけでも教育学を学んだわけでもない人間が、僭越ながら教科書のことを語ります。

なぜ、私が教科書を面白いと思うようになったのか。一九九五年、大阪教育大学附属図書館に図書館員として勤めておりました。その大阪教育大学附属図書館の書庫に明治時代の小学校の教科書の塊がありました。そのとき見た現物と同じようなものを私も入手いたしましたので、後ほどご覧頂きます。銅板画で印刷された美しい絵がたくさん載っている教科書がありまして、非常に魅力を感じました。

その時から昔の教科書に関心を持ちまして、一九九六年と一九九七年に大阪教育大学附属図書館教科書展を担当しました。また当時、百貨店の催事として古書市があり、そこで五〇〇円とか三〇〇〇円で昔の教科書を購入できる場合がありましたので、教科書の収集も始めました。当初は教科書を本という「モノ」としての関心から収集しはじめまして、掲載されている教材内容については強い関心はあまり持ち合わせておりませんでした。図書館職員ですので、本の装丁とかにこだわって見てきたということです。

その後、二〇〇五年、京都教育大学附属図書館に勤務した時、昭和一〇年ごろ使用された緑表紙小学算術教科書の教科書展を担当しました。二〇〇八年、滋賀医科大学附属図書館に勤務していた頃には、「医学図書館」という雑誌に教科書のことを書くことはできないかと、昔の教科書に掲載された医学衛生教材について文献をまとめたりいたしました。本学図書館司書資格課程に勤務するようになってからは、「花園史学」「花園大学文学部研究紀要」「人権教育研究」に、私が収集しました墨ぬり教科書に焦点をあてて論文を投稿しております。

●なぜ昭和二〇年代に焦点をあてたのか

なぜ昭和二〇年代に焦点をあてたのかと申しますと、この頃、教科書制度が激変していったからです。昭和二〇年八月十五日、日本が戦争に負けるまでは国定教科書～国語の教科書の歴史を語る際、「国定五期」といっていますが～この頃の教科書には軍国主義の教材や神道に題材を得た教材が多数ありました。昭和二〇年九月以降、それが墨ぬりされていきます。昭和二一年になると今度は「暫定教科書」ということで、仮綴じ教科書を使うようになりました。

そして昭和二二年からは、また新たな国定教科書が刊行されます（「国定六期」と呼ばれています）。その国定教科書は「国定五期」のような軍国主義の教科書ではなく、GHQ（連合国軍最高司令官総司令部）‐CIE（民間情報教育局）の指導の下に編集されたものでした。昭和二四年から現行の戦後「検定教科書」が出るようになりました。このようなことで、昭和二〇年代は教科書制度がどんどん変わっていったということがありまして、時代が激変するところで大変興味深いものなので、今日は、それをご紹介したいということです。

●「国定五期」

「国定五期」、昭和一六（一九四二）年度から国民学校で使用された国定国語教科書にはどのようなことが書かれていたのでしょうか。昭和二〇年八月、日本が戦争に負けるまでの間、使用されていたわけです。教科書は、国語の場合、初等科一年生は『ヨミカタ一』『ヨミカタ二』。初等科二年生は『よみかた三』『よみかた四』でした。初等科三年生から『初等科国語』に変わり、初等科三年生が『初等科国語一』『初等科国語二』。初等科四年生が『初等科国語三』『初等科国語四』。初等科五年生が『初等科国語五』『初等科国語六』。初等科六年生が『初等科国語七』『初等科国語八』となっています。各学年の「前期用」は奇数巻、「後期用」は偶数となっています。加えて初等科一、二年生は『コトバノオケイコ』という教科書も加えて使用しました。

「国定五期」の国語教科書は誰が編集していたか。この当時、文部省では図書監修官という人たちが国定教科書を編集していました。「国定五期」の国語教科書の図書監修官の一人は井上赳《たけし》です。「国定四期」国語教科書は巻一の「サイタ　サイタ　サクラ　ガ　サイタ」で有名ですが、「サクラ読本」と呼ばれる「小学校国語読本　尋常科用」の編纂者として、井上赳は有名です。井上は、引き続き「国定五期」も担当しています。

もう一人、著名な図書監修官として石森延男がおります。私が子どもの頃は、児童文学の作家として知られていました。「コタンの口笛」（一九五七年）という児童文学作品を著していますが、もともとは教科書の編集者でした。最初は南満州教科書編集部で仕事をして、その後、文部省に移り、「国定五期」の国語教科書の監修官をしております。どちらかというと、「国定五期」は石森延男といわれることもありますが、戦後、長く教科書の編集、著作をしています。私が中学生だった昭和四六年頃、光村図書出版の『中等新国語』という教科書を使用しましたが、この教科書は石森延男が著作者のトップに記載されていたことを覚えています。井上赳も戦後検定の初期、日本書籍の国語教科書にその名を見ることが出来ます。

なお、「国定五期」の頃は戦争のまっただ中で、軍の人間が教科書の編纂に入ってきていたということも付け加えてお話ししておきたいと思います。「軍の教育総監部付の佐官が文部省の嘱託として教科書の編集の現場に入ってきた」と、井上赳が『国定教科書編集二十五年』（武蔵野書院一九八四年）の中で述べています。教科書編纂は文部省図書監修官により行われますが、プラス佐官級の人が入ってきて、軍隊が推してきた教材がある。軍は「文学者が執筆した報道記事」を提出してくるようになったので、巻末付録の補助教材として掲載した旨、井上赳は語っています（『国定教科書編集二十五年』七五頁）。その他、井上赳は『国定教科書編集二十五年』六六頁以降に、昭和二三年、公職追放されるかもしれないということで、文部省から「反証を出しておけ」といわれて著した「反証」の文面を掲載しています。

この巻末付録の補助教材はどんなものがあったでしょうか。巻五には「「あじあ」に乗りて」、「大地を開く」、「草原のオボ」。「あじあ」とは、満州の大連からハルビンまで運行された南満洲鉄道「あじあ」号のことです。巻六には「土とともに」、「愛路少年隊」、「胡同風景」。「胡同風景」は北京の路地裏の風景が描かれている教材で戦争色がありませんので、昭和二一年の「暫定教科書」、昭和二二年の「国定教科書」にも掲載されています。巻七には「ジャワ風景」、「ビスマルク諸島」、「セレベスのゐなか」、「サラワクの印象」。巻八には「熱帯の海」、「洋行哨戒飛行」、「レキシントン撃沈記」、「珊瑚海の勝利」と、南方に焦点をあてた戦争教材が載っています。

「国定五期」教科書の教材で、のちに墨ぬりされていく教材の本文を紹介します。私が担当する「図書館特論」の授業で墨ぬり教科書も取り上げています。その時に紹介した教材が『初等科国語四』の「十二　小さな傳令使」、『初等科国語七』の「十八　ゆかしい心」、『初等科国語八』の「十六もののふの情」です。「小さな傳令使」は、伝書鳩が軍の作戦に使われていて、血を流して倒れていった勇敢な伝書鳩という話です。

今回は「もののふの情」のところの一部分だけ本文を朗読して、ご紹介いたします。「もののふの情」のうち「發射止め」のところです。

眞赤な太陽が、シドニー沖の海面に落ちてから、二時間もたつころであつた。

よい獲物はないかとさがしてゐる潜望鏡に、あかあかと燈火をともした二本煙突の大きな客船の姿が寫つた。アメリカから、濠州へ向かう敵船に違ひない。

急いで魚雷發射の準備がなされた。乗組員たちは、今か今かと發射の命令を待つてゐた。

吸ひつけられるやうに潜望鏡をのぞいてゐた艦長は、敵船の行動としては餘りに大膽すぎると思つて、しげしげと見た。すると、白い船體の舷側に、十字のしるしが赤く描かれてゐる。

「發射止め。」――魚雷發射の持ち場についてゐた勇士たちは、艦長のこの命令を意外に思つた。

「敵の病院船だ。攻撃は中止する。」

艦長は、潜望鏡から目を離しながらかういつた。

「艦長、敵はわが病院船バイカル丸を撃沈しました。今こそ、われわれに仇を討たせてください。」

涙を浮かべてくやしがる乗組員をなだめながら、艦長は、

「日本には武士道がある。武士道こそは、わが潜水艦魂なのだ。日本人は、斷じて卑怯なふるまひをしてはならない。」

とおもむろにいつた。

潜水艦は、思ひきりよく攻撃態勢を捨てて、ぐるりと艦首を向けかへた。


授業で紹介した各教材を読んだ学生に感想を書いてもらいましたので、紹介します。

①自分が小学生であれば、とても戦争が勇ましくかっこいいものであると感じてしまうだろう。教師としてなら皆に戦争での友情や日本人としてのふるまいを知ってほしいと思うだろう。
②無くされる（筆者注：墨ぬりされる）までの話かは疑問である。
③（どちらかというと「小さな傳令使」の伝書鳩の話になると思いますが）教材の物語の本筋が「自己犠牲の美しさ」が、学ぶ小学生には洗脳に近いものが感じられていたと思う。「血」など戦争を生々しく描くものは教師・子どもにとって気持ちのよいものではない。
④「發射止め」は心のあたたまる？　殺さない話で武士道が記されている。昔ながらの人を慮る気持ちみたいなものは伝えてもいいと感じた。
私自身は、戦後墨ぬりされるような教材で、軍国主義的で教材として適切ではない、と思いなが

ら紹介したのですが、このような感想を持った学生もいました。

●墨ぬり教科書

敗戦後、「国定五期」教科書は墨ぬりされていった。どこで、いつ、そういう指令が出されたのか。世間的には、墨ぬりするのはGHQが指示したからだ、ということになるのですが、実はGHQが設置されるのは一九四五年一〇月二日で、その前、昭和二〇年九月二〇日の段階で、文部省は文部次官通牒「終戦ニ伴フ教科用図書取扱方ニ関スル件」という墨ぬり指令を出しています。「国民学校後期用国語教科書」については、具体的に削除修正箇所を提示しています。その後、昭和二一年一月二五日、教科書局長通牒「国民学校後期使用図書中ノ削除修正箇所ノ件」という、再度の墨ぬり指令を出しています。国語だけでなく算数についても具体的な箇所を指示した指令を出していますが、これはGHQが関わっています。GHQが関与する前に墨ぬり指令が出されていたということを確認しておきたいと思います。

また、都道府県によっては独自に墨ぬり箇所を決めて削除通知を出したところもあります。教育現場でも独自に削除、修正を実施していました。「花園大学文学部研究紀要」四八号（二〇一六年）掲載の拙文「国民学校「初等科国語」五〜八の墨塗り教科書の実情について」では、「初等科国語」五〜八において、現物と文部省が出した二回の通知を比較して、墨ぬりされた箇所、されなかった箇所を表にまとめています。花園大学学術リポジトリでも見ることができます。ご参照いただければ幸いです。

「墨ぬりされた教材」について、昭和二〇年九月二〇日の指示と昭和二一年一月の指示では若干、異なります。昭和二一年の方が、対象となる教材分野が増えています。昭和二〇年九月の段階では、(イ) 国防軍備等ヲ強調セル教材、(ロ) 戦意昂揚ニ関スル教材、(ハ) 国際ノ和親ヲ妨グル虞アル教材、(ニ) 戦争終結ニ伴フ現実ノ事態ト著ク遊離シ又ハ今後ニ於ケル児童生徒ノ生活体験ト甚シク遠ザカリ教材トシテノ価値ヲ減損セル教材（筆者注：戦時中の教科書には日本が植民地として支配した朝鮮半島や台湾に関する教材がありました。そういうものが該当すると思います）、(ホ) 其ノ他承詔必謹ノ点ニ鑑ミ適当ナラザル教材、これが削除対象教材です。

「第二回指令」では、「皇室や神道に関するもの」が新たに削除対象となっています。また、「歴史的な戦記物」も削除対象にしています。なお紹介いたしました二度の通知本文は、中村紀久二『墨ぬり教科書　解題・削除指示資料集』（芳文閣　一九八五）を見ていただくと、削除指示の箇所を読むことが可能です。

墨ぬり教科書について、国語や算数については具体的な指示が出ていますが、国民学校のほかの教科の教科書、中学校、高等女学校の教科書についても墨ぬりがされています。理科や音楽その他各教科の教科書も墨ぬりが現場でなされています。

昭和二〇年「後期」に使用された「偶数巻」の教科書について「墨ぬり削除通知」が出ていますが、実際には「奇数巻」の墨ぬり教科書もあります。なぜでしょう。昭和二一年前期、物資が不足

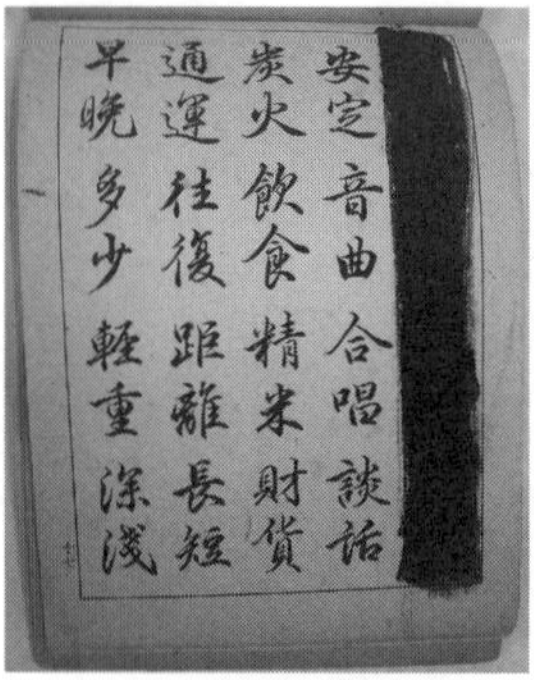

写真１『初等科習字四』の墨ぬり（墨で塗りつぶしている）

していたために、昭和二一年度に使用する教科書が届かなかった場所があったからです。昭和二一年六月六日付発教第六三号文部省教科書局長通牒「教科用図書の使用について」では、「輸送事情によってまだ届かない間はその科目については、これまでの教科書に所要の削除訂正を施し便宜使用して差し支えない」としています。「所要の削除訂正」は墨ぬりのことです。昭和二一年になっても墨ぬり教科書は使われておりました。

墨ぬりの仕方を紹介します。真っ黒に上から字を塗るやり方です（写真1）。その他のやり方もあります。切り取る、ちぎってしまう。墨ぬりせずに紙を貼るやり方もありました（写真2）。紙貼りはその他に頁と頁を貼り付けてしまっているものもあります。教材文の上から×印を施す（写真3）、これでは読めてしまうのですが、「使わない」という印にはなるのでしょう。

墨ぬり教科書を使った子どもたちの感情はどうか。新聞の投書欄で、昔の思い出を後から語っているものではありますので、墨ぬりしたその時そう感じたかどうかは別ですが、ご紹介します。朝日新聞二〇〇七年八月二七日声欄（朝日新聞記事データベース「聞蔵」で検索可能です）には、「教科書の墨塗りが「戦争中、うそを教えて悪かった」と子どもたちに謝罪した先生は一人もいなかった」という投書（執筆者：足立恭子氏）がありました。読み物作家の山中恒が『子どもたちの太平洋戦争』（岩波新書　一九八六）の中で表記している記述には、「「う

写真２『初等科国語五』の墨ぬり
（紙を貼る。右側は頁全体を破りとっている）

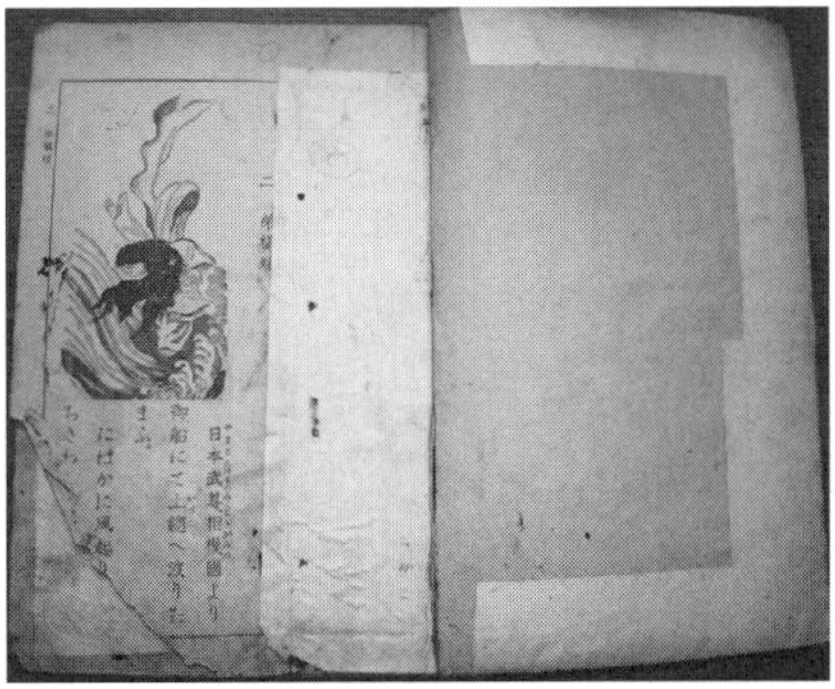

写真３『初等科習字四』の墨ぬり（×印を付与。内容を読むことが可能）

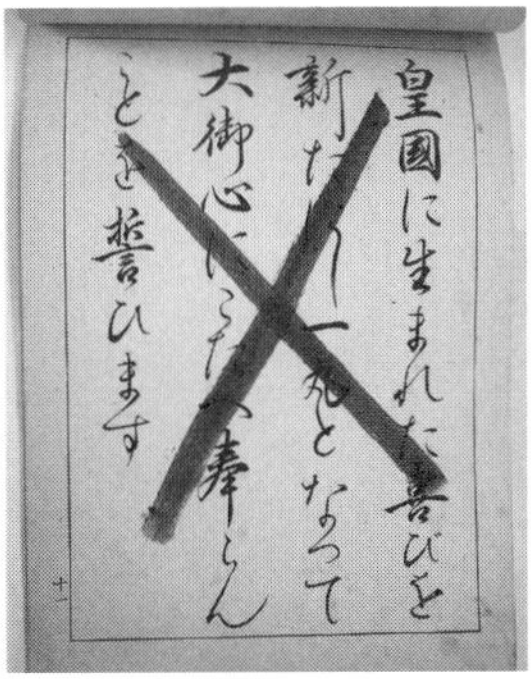

わあ、この分、勉強しないでいいんだ」とよろこびの声をあげて教師をがっくりさせたりした」（同書二〇二頁）、とあります。

一方、墨ぬりをさせた時の先生たちはどんな気持ちだったのでしょう。「これには重い話がある」と私が指導を受けている先生はおっしゃいます。この先生は当時の国民学校初等科六年生で四條畷に疎開されていたのですが、その方がおっしゃるのには、戦争が終わった後、教師は放任主義になってしまっていた。「戦争中、児童が作業等遅れると児童同士で軍隊式に互いにビンタすることをさせたりしていた教師が、敗戦後は虚無的になって「勝手に写生でもしておけ」等の対応をしていた思い出があるそうです。

三浦綾子は『道ありき』（主婦の友社　一九六九）の中で、「生徒たちは、黙々と私の言葉に従って、墨をぬっている。誰も、何も言わない。修身の本が終わると、国語の本を出させる。墨をぬる子供たちの姿をながめながら、わたしの心は定まっていた。（わたしはもう教壇に立つ資格はない。近い将来に一日も早く、教師をやめよう）」（同書一一三頁）、と述べています。

墨ぬり教科書の現物を見た学生の感想を紹介します。

①「初めて見たが本当に墨が塗られていて衝撃を受けた」
②「墨塗りといっても頁を破いたり、紙で隠したり、色々あるんだなと思いました。敵国と記しながらアメリカの話や外国の話もまざっているのは意外でした」
③「本当に見えないようになっていたので中身が気になった」
④「こんな教科書とか勉強する気でない。やる気なくす」
⑤「戦時中、これでもかという程、軍国・愛国主義を叩きこんだというのに戦争に負けてから物資不足などの理由で教えられていた事を変えられるというのは、当時の子どもにとっては非常に心苦しかったのではないかと思われた」
というようなものでした。

●暫定教科書

昭和二一年度は、表紙も貧弱な「暫定教科書」を使っていました。「暫定教科書」は国民学校だけでなく、中等学校、師範学校、青年学校でも使われていました。この教科書は各教科書の奥付に「APPROVED BY MINISTRY OF EDUCATION」と記されています。GHQ-CIEが検閲したしるしです。戦時中に使われた国定教科書の教材を修正、削除、補充して編集しています。前期の四月段階の教科書は戦時中の教科書の中で墨ぬりしたところをカットして詰めてつくった教科書です。後期の偶数巻の教科書になりますと、『初等科国語』の場合、昭和二一年度後期には戦時中の教科書に掲載されていた教材ではない全くオリジナルな教材が登場しています。

暫定教科書は、おおよそタブロイド版の新聞用紙（実測しますと三九五ミリメートル×五三八ミリメートルでした）に裏表各八頁が印刷されていた。それを児童・生徒が自ら、あるいは家人に切ってもらって製本して使っていました。手作りですので教科書の天地が綺麗に裁断されていません。だから暫定教科書のことを「仮綴じ教科書」という場合もあります。

滋賀県大津の膳所中学に通っていた当時の学生だった方に、教科書取扱書店で新聞紙用紙状態の教科書を購入し、自分で切って綴じて使った思い出を伺ったことがあります。また、「前期」の段階では一度に刊行できない。分冊にして「前期」を三分冊にわけるやり方で出されています。後期になると、教科書の天地も裁断され綺麗に製本されたものが刊行されています。

●「国定六期」

昭和二二年になりますと、ちゃんとした教科書が「国定」で刊行されます。戦争が終わって二年経過しました。『日本教科書大系近代編　第9巻 国語（六）』には、「国定六期」小学校国語教科書の編集委員の名前が列記されています。石森延男、谷川徹三、中野好夫、河盛好蔵、矢澤邦彦、輿水實、麻生磯次、片岡良一、川端康成、岩淵悦太郎、佐藤信衛、西尾實、小林英夫、吉田精一、石井庄司などの名前があがっています。「国定六期」とあるように国定教科書でありましたが、「国定五期」とは随分教材内容の性格が異なった教科書になっています。もちろん奥付にはＧＨＱ - ＣＩ

Eの検閲のしるしが入っています。

戦時中の教科書と大きく異なるのは、「平和」を意図した教材の登場です。『国語　第六学年中』の〝よびかけ〟教材「夜明け」。〝よびかけ〟は劇とまではいきませんが、子どもたちが声に出すセリフで成り立っている教材です。この教材には、「平和と自由の光がさしている」、「平和と自由」というセリフがあります。

『国語　第六学年上』の「みどりの野」を詳しく紹介します。「みどりの野」はデンマークについての教材です。部分的に紹介します。

世界の樂園といわれるこの國も、千八百六十四年に、ドイツ・オーストリア二國との戰いに敗れ、賠償として、シュレスウィヒとホルスタインという、作物のよくできる二州をとられました。もともとせまい、小さな國ですのに、そのもっともよい土地を失いました。ですから、いかにして、國運をもとどおりにするか、これがデンマルクの愛國者たちの心をくだいた、もっとも大きな問題でありました。

戰いに敗れ、國はけずられ、國民の意氣はしずみ、その活動はおとろえました。たとえ戰いに敗れても、精神的に敗れない國民こそ、眞にすぐれた國民でしょう。國のおこるかほろびるかは、このときにさだまり、この苦しいときにうちかつことのできる國民だけが、國の建てなおしという大事業をなしとげて、さかえるのであります。（同書十七～十八頁）

ここには、敗戦後の日本を勇気づけようという言葉が載っています。そのあと、ダルガスという人がおりまして、その人がデンマークの国土を豊かにするためにがんばってくれたと記述されています。ダルガスは国土を豊かにするために木を植えてそだてようとした。そのもみの木がなかなか育たなかった。その後、若いダルガス（筆者注：ダルガスの長男です）の意見を実際にためしてみると、木が生長しはじめました。

…小もみは、ある大きさまでは、大もみの生長をうながす力をもっているが、それをこえると、かえってさまたげになるという、植物学上の事実が、ダルガス親子によって発見されたのであります。このおかげで、ユートランドのあれ地には、おいしげったもみの林が見られるようになりました。（同書二一三頁）

…ユートランドのあれ地は、大もみの林がしげったために、こえた田園となりました。木材があたえられたうえに、いい氣候があたえられました。そればかりでなく、しげった林は、海岸からふき送る砂ぼこりをふせぎ、さらに北海岸特有の砂丘を、海岸近くでくいとめました。（同書二一四〜二一五頁）

ところが、ここに、木材よりも、農作物よりも、とうといものが生き返りかえりました。それは、全國民のたましいでした。デンマルク人のたましいは、ダルガスの研究と実行の結果として、すっかり生まれかわりました。敗戦のために意氣のおとろえた國民は、希望をとり返し、誠実な研究と、がまん強い実行と、熱誠な共力によって、あれ地をみどりの野とし、祖國を生き返らせ、ついに、今日のような平和國家をうち建てました。（同書二五〜二六頁）

国定教科書ではありますが、「国定五期」と価値観が異なる時代を反映した、平和に関する教材が出てまいりました。

●「戦後検定教科書」

昭和二四年から「戦後検定教科書」が使われるようになります。昭和二四年の時点ではまだ占領下にありましたので、奥付には「APPROVED BY MINISTRY OF EDUCATION」と検閲のしるしが記述されています。当時は教科書の出版社が現在よりも多くありました。現在は残念ながら、著名な教科書出版社だった日本書籍、大阪書籍はなくなっていますが、当時は日本書籍、東京書籍、大阪書籍、学校図書、広島図書、中教出版、二葉など多くの教科書出版社がありました。各社の教材の中に、「国定六期」に引き続き「平和」を意図した教材が出てきます。現行教科書では明白に「平和」を意図的に題材にした教材を見ることは極めて少ないと思うのですが、ダイレクトに「平和」を意識した教材がありましたのでご紹介したいと思います。

「戦後検定教科書」では、「平和」にかかわる教材は、「国際連合」の意義を説くもの、「オリンピック」「ノーベル賞」とかかわって平和の意義を説くもの、「日本国憲法」から「平和」の意義を説くものなどがありました。また、詩や劇によるものもあります。

まず、日本書籍の国語教科書教材から紹介します。日本書籍は現在はなくなってしまったのですが、もともとは由緒正しい教科書出版社です。戦前の国定教科書は日本書籍、東京書籍、大阪書籍の三つの出版社が分担して翻刻していたのです。伝統のある教科書出版社といってよいと思います。昭和二〇年代に二種類の教科書を出していました。一つは『太郎花子国語の本』です。「国定四期」のサクラ読本や「国定五期」の国語教科書を編纂した井上赳が中心となって編纂した教科書です。

もう一つは、『山本有三編集国語の本』。学校図書では志賀直哉、大阪書籍では川端康成、東京書籍は柳田國男など、当時の国語教科書は各社とも著名な作家が編纂者に加わっています。『太郎花子国語の本　6年上』の別タイトルは「平和のしらべ」です。昭和二五～二六年に使われていました。昭和二七～二八年に使用されたものも別タイトルは「平和のしらべ」でしたが、昭和二九～三五年使用のものは別タイトルが「田園のしらべ」に変わっています（写真4）。「平和のしらべ」にはどんな教材が掲載されていたのでしょうか。

「新しい目標」（『太郎花子国語の本　6年上』（昭和二五～二六年使用）一三～一五頁）は「敗戦後の新しい日本、平和な文化国家を目指す」という内容です。「新しい目標」から一部分を紹介します。

そこで、先生は、日本全国の六年の諸君に、どういうものを読ませて、国語の勉強をさせたらよいかということを考えた。

終戦以来、日本人は、まるでぼっとしてしまっているようである。大きな出来事の後では、ちょっとどうしてよいか、わからないといった形であろう。けれども、竹村先生は、東京へ出て、永遠の完成のために、常に古いものの破かいと、新しいものの建設に、まっしぐらに進む日本人のすがたを、まざまざと見て、たのもしく思った。この心こそは、日本人の永久に失ってはならないものである。

しかし、その新しい建設も、決してむかしのあやまった方向を、二度とたどってはならない。日本を永久に完成するためには、たしかな目標がなくてはならない。その目標こそは、平和な文化日本を建設することであり、民主的な国民社会を実現することである。そして、そこに大きな望みと、喜びを見出すよう、全国の太郎、花子といっしょに、勉強することが、竹村先生の念願なのである。竹村先生は、その勉強になるようなものを、主としてこの本に選んでのせたのである。


昭和二五年「平和のしらべ」には、このように戦争が終わって、平和のことを考える教材が載っています。その他にも詩の教材「平和の鐘」(『太郎花子国語の本　6年上』(昭和二五～二六年使用)一六～二〇頁)、これもダイレクトに平和を語っている教材です。

日本書籍『山本有三編集国語6年の1』は憲法に関する教材を載せています。昭和二七年に使っているものと、昭和二八年以降のたった一年の違いで、同じように憲法のことを語っているんですが、ガラッと変えていることがあります。昭和二七年版は教材の題名が「憲法」となって、その中の「ただしい政治」（同書一三二～一三三頁）に、国会、内閣、すべての役所、国民が憲法を遵守することを書いています。また、日本国憲法の三大原理の「平和主義」がダイレクトに書かれています。「日本国民は武器をすてて、再び戦争をしないということを、世界にちかいました。絶対平和主義を宣言した憲法は、世界にも例がありません」（同書一三五頁）と「平和主義」をダイレクトに語っています。しかし、昭和二八～三五年の教材では、「生きる権利」「真の自由と公共の幸福」「勤労の権利と義務」と、権利の他に義務があると語られて、「平和主義」が消えてなくなっています。なぜかわかりませんが。

中教出版。この教科書出版社も今はありません。戦時中に、中等学校教科書を発行する「中等学校教科書株式会社」として昭和一八年に設立され、戦後、名前を変えて中教出版になります。昭和二〇年代、小学校社会科教科書『あかるい社会』を刊行しました。『あかるい社会』は昭和三〇～三一年頃、日本民主党が出した「うれうべき教科書の問題」のパンフレットで攻撃された教科書の

写真4 日本書籍小学国語教科書『太郎と花子国語の本』昭和25～26年使用分は「平和のしらべ」という別タイトル。昭和28～35年使用分は「田園のしらべ」に変わる。

一つです。

その中教出版から刊行された『国語の本6下』(昭和二七〜二九年使用) 掲載の教材「青少年赤十字の私たち」(一二一〜一三一頁)。これは日本の小学生とアメリカの青少年との交流を描いています。この教科書の表紙に金髪のアメリカの少女と日本の小学生が並んでいます。内容を紹介します。アメリカの少年赤十字団からすばらしいアルバムが届きました。「少年赤十字」という言葉、この言葉は当時の他の教科書にも何件か登場しています。


そして次のような手紙がそえてあった。

親しい日本のみなさん。

このアルバムは、私たちが、自分で実際にとった写真や、町で売っているものなどを集めて作ったものです。私たちは、これによって、日本のみなさんにアメリカの私たちの生活を理解していただきたいと思っています。どうぞ、このアルバムを見て、アメリカのようすを御想像ください。

私たちも、日本の風俗や、習慣や、みなさんの実際の生活のようすが知りたいと思っています。みなさんの生活は、私たちの生活と、ずいぶんちがっているにちがいないと思います。

おたがいに理解し合って、なかよく手をつなぎ、世界の平和と幸福のためにつくしたいと考えます。

日本のみなさん、ぜひ日本のアルバムを送ってください。

では、さようなら。
みなさんの友、ネルソン・ブレース・スクールより（同書一二三〜一二四頁）

その後、日本の少年赤十字団員をしている人たちが会議を開いて相談することになります。その会議のはじめに、校長先生が次のようなことをおっしゃいます。

「青少年赤十字団のたいせつな仕事の一つは人と人、国と国とが、おたがいに理解し合って、なかよくなり、世界の平和と幸福を願うことです。今、国際連合というものがあって、戦争を防ぎ、平和維持のために、力強い活動をしていますが、その国際連合では、『平和にも練習がいる。』といっています。みなさんが、こんど、アメリカへアルバムを送ることは、その平和への練習になると思います。」（同書一二五頁）

この箇所もダイレクトに平和を語っています。アメリカとの友好、戦時中とは一八〇度転換した状況が書かれています。

費用をつくるために、

私たちは、アルバムをつくって送る費用をどうするか、どのようにして作るかについて、相談をした。
いろいろの案が出たが、けっきょく、次のようなことをして、費用をつくることになった。
1、ぼろくずや古雑誌などを集める。
2、品物を販売する。(同書一二六頁)

この後、この教材では電話のかけ方、帳簿のつけ方などを教えております。最後に、広島図書から刊行された国語教科書について紹介します。今、この出版社はありません。昭和二八年にこの教科書を刊行した後、なくなってしまいます。広島図書は広島で設立された出版社で、多くの児童書を刊行しています。『銀の鈴』という児童向けの雑誌が有名です。昭和二八年度、一年間だけ使用された小学国語教科書『良い子の国語』を刊行しています。なお、『良い子の国語』は昭和二九、三〇年は大阪書籍に版権を移転して、いくらか使われていたようです。この教科書は原爆投下に関する教材を掲載していました。『良い子の国語五年上』(昭和二八年使用)に「原ばくの子」(二二一〜二二七頁)が掲載されています。一部分引用しつつ紹介します。

昭和二十年八月六日、その日はわすれられない原子ばくだんの落ちた日です。今でも、その時のことを考えると、身ぶるいがするようです。わたしは集団そ開に行かないで、近くの分教場で勉強していました。その日はお友だちといっしょに近所に遊びに行きました。ぴかっと光った時、わたしは、遊んでいた家の下じきになっていました。こうしてこのままここにいると、どうなるかわからないと思っていると、向こうの方にすこしすき間が見えたので、そこへはって行って、板をおしのけて外にはい出しました。外に出てみると、わたしが遊んでいた家だけかと思っていたのに、意外にも、どの家もどの家も、くずれたりもえたりしているのです。わたしはそのありさまを見ると、なきだしそうになりましたが、ないていても元にはもどらないと思って、家に帰ることにしました。（二一〜二二頁）

この子は家に帰るとお母さんに出会うことができました。荷物を背負い赤ちゃんを抱いたお母さんとともに、この子は比治山に登り、段原町におります。被害者は似の島に行くように、と誘導する声を聞き、川から乗船します。船の中で、この子と同年齢くらいの女の子に出会います。


その女の子は、からだじゅうにやけどやけがをしていました。苦しそうに母親の名ばかりよんでいましたが、とつぜん私の母に、

「おばさんの子ども、ここにいるの」

とたずねました。その子どもは、もう目が見えなくなっていたのです。おかあさんは、

「おりますよ。」

と返事をしました。すると、その子どもは、

「おばさん、これおばさんの子どもにあげて。」

と言って、何か出しました。それはべん当でした。その子どもが学校に出かける時、おかあさんにこしらえてもらったのでしょう。おかあさんが、

「あなた、自分で食べないの。」

ときくと、

「わたし、もうだめよ。それをおばさんの子どもに食べさせて。」

と言って、そのべん当をくれました。わたしたちはそれをいただきました。しばらく川をくだって、船が海に出た時、その子どもは、

「おばさん、わたしの名まえを言うから、もしわたしのおかあさんに会ったら、ここにおると言ってくださいね。」

といったかと思うと、もう息をひきとってしまいました。わたしは、その子どもがかわいそうでかわいそうでなりませんでした。わたしは、おかあさんといっしょになきました。

似の島に着いて、収容所にはいると、そこはけがや、やけどをしている人でいっぱいでした。あの時の人たちが、やけどもせず、けがもしないで、今も元気で生きておられたらどんなにうれしいかわかりません。また船の中にいた子どもが助かって、そのおかあさんに会えたのであったら、わたしはどんなにうれしいことでしょう。生き残ったわたしたちは、二度とあんなおそろしいことのない平和な世の中になるようにつとめたいと思います。（同書二一四～二一六頁）

昭和二〇年代の小学国語教科書で、原爆関係の教材は、この教材しか私は探しだせなかったですが、こういう教材がありました。

この教材の末尾に、子どもたちへの課題が載っています。

○作者はどんな気持ちで書いていますか。話し合ってみましょう。
○船の中の少女を、作者はどんな気持ちで書いていますか。（同書二七頁）

巻末に「指導者の皆様に」という記述があります。当時の教科書は巻末に教材のねらいを載せています。「各教材のねらい」「平和への願い」では「広島の子どもの一文をかかげて、平和を求める精神をつちかうとともに、生活文記録の価値を自覚させようとしています。」（同書一四五～一四六頁）と載っています。

このように「平和教材」は昭和二〇年代の教科書に出てきますが、その後、タイトルが変わったり、憲法の教材で「平和」が消えていったり、次第に、そういう教材が消えていったということを思います。

●まとめ

本日は、「昭和二〇年代の国語教科書の変遷」を紹介しました。戦時中の「国定五期」教科書から敗戦直後の「墨ぬり」、昭和二一年だけ使用された「暫定教科書」。昭和二二年の「国定六期」教科書」。そして昭和二四年以降の戦後検定教科書を見ていきました。今回は「戦争と平和」をめぐってご紹介しました。教科書の内容は時代の雰囲気に大きな影響を受けていたと思います。戦時中は極めて軍事色が強かった。それが敗戦後、新しい教科書が出てくるようになりますと、戦争を忌避し、「平和」を願う人々の気持ちが出ていて、端的に「平和」を主題にする教材がありました。

教科書は、ある意味きれいごとが書かれているところもありますが、各時期を反映するものです。過去の教科書を再度振り返ることは、私としては意義あるものと考えております。後ほど現物の教科書をお見せしたいと思いますのでご覧ください。

（紹介した教科書教材文の中には、現在では差別的な表現として使用が差し控えられるべき用語を使用していましたが、原文を忠実にお伝えしたいので、原文ママにて紹介いたしました。）

（花園大学人権教育研究会第109回例会・二〇一九年十月二九日）

福祉現場で直面した虐待

島﨑将臣

●はじめに

本日は、私が介護福祉士と社会福祉士として福祉の現場で経験した中で直面した印象深い二事例を紹介したいと思います。一つは「重度の肢体不自由（頸髄損傷者）への不適切なケアのケース」。二つ目は「地域で息子と二人暮らしをしている認知症高齢者が息子に虐待をされているケース」。この二事例を紹介し、虐待防止に向けた支援のあり方、被虐待者へのかかわりを、みなさんと考えていければと思っております。

●脊髄損傷者について

みなさんは脊髄損傷者をご存じでしょうか。会場にお越しの方のほとんどが「知らない」というのが現実だと思います。脊髄損傷は何らかの理由で首の脊髄を損傷し、運動麻痺、感覚麻痺、自律神経障害、排尿、排便障害が起こる障害です。脊髄を四つに分類すると、首に近いところから頸髄、胸髄、腰髄、仙髄です。頸髄を損傷すると自発呼吸ができなくなり、呼吸器をつけた状態で生活をしなければならないほど重度の障害が残る場合もあります。

運動麻痺、感覚麻痺はどの障害にもあるのですが、当事者の本音を聞くと、気持ち的に落ちつかないのが排尿と排便障害とされています。とても難しい障害の一つです。私たちは膀胱におしっこを貯める機能を有していますが、脊髄損傷になると膀胱におしっこを貯めることが困難になります。水分を摂取するとおしっこにいきたくなりますから水分制限をしなければならなくなります。排便も同様で、便意をもよおすと脳に指令がいってグッと便を出すことができますが、脊髄損傷になると「便をしたい」という指令が脳に進まなくなる。そのため脊髄損傷者は曜日を固定して排便を行なっています。週二、三回、曜日と時間を決めて排便します。

私は約六年間、この脊髄損傷者のリハビリテーションの現場に携わってきました。脊髄損傷者は何らかの原因で脊髄を損傷した人のことですが、そのほとんどが後天性の障害です。つまり、ある日突然脊髄を損傷し、車いす生活を余儀なくされるのです。

脊髄損傷者の中でも、首に近い頸髄を損傷した人を、特に頸髄損傷者といいます。この頸髄損傷者の場合、「歩く」という基本動作に強いこだわりがあります。彼らは「手」と「足」に麻痺が生じますが、「手」と「足」が欠損している訳ではありません。ですから、当事者は自身の視覚によって「手」と「足」を見ています。麻痺があるため、力、つまり握力や脚力はありませんが、リハビリを行うと「麻痺が軽減するのではないか」、という強い期待を抱いています。特に、歳をとればとるほど「歩きたい」と強く願っておられます。

しかし、今日の医学では、なかなか歩くことができないのが現状です。大阪大学が鼻の粘膜を用いて再生医療をやっていますが、歩けている人はほぼいないというデータが出ています。再生医療で立位がとれる人はいますが、歩くまではいっていない。自身の体が自分の体でないように感じてしまう気持ちの部分、障害が重度になればなるほど、自身の身体を「認めたくない」という思いを強く私は感じました。当事者のナマの声は、どの方も「世界中で一番不幸」「自分は一番重い障害者だ」、というものです。そこで、あるケースをご紹介します。

●ケース1

脊髄を損傷し、リハビリ病院からリハビリセンターに入所された五〇代の女性のケースです。

脊髄を損傷してから初めて、病院から車いすでリハビリセンターに来られた利用者でした。入所翌日の申し送りの場面でのできごとです。このセンターでは、この障害のある方の場合、下衣のズボンと下着を全部脱がせて、夜間は寝ていただいていた。その理由として、脊髄損傷者の場合、衣服のずれが臀部にあたると、たった三時間でも褥瘡になってしまうということで、衣類を脱いでもらっていました。

看護と介護の職員はきちんと説明したつもりだったようですが、利用者本人は納得していない様子が報告されました。利用者は「なんでこんな恥ずかしい思いをして寝なければいけないのだ」と職員に訴え、トラブルがあった。「今回の新入者は、わがままな人だ」と申し送りがあったということです。

当事者への説明責任として支援者に求められる基本姿勢は「ご本人の話を聞くこと」です。どうしてこういう支援をするかを、わかりやすく伝えた上で実践しなければならない。ここが欠けてしまうとどうなるか。支援者として葛藤が出てきます。特に医療面のリスクを支援者は優先してしまいます。

脊髄損傷者の場合は褥瘡になりやすい。「褥瘡」ということだけを第一に考えて予防をしたわけです。これが間違っているかどうかはわからないです。なぜなら、脊髄損傷者の褥瘡は、「できやすく、完治するには時間を要する」のです。支援者として「当たり前のケア」を行ったに過ぎないのです。しかしながら、当事者としてはどうでしょうか。想像すると容易に答えが出ませんか。誰しもが、「不安」「恥ずかしい」という気持ちが出てくると思います。つまり、このケアは羞恥心、不快感を覚える結果になってしまったのです。

「ケース1」をまとめてみます。一つ目は「支援者の思いとは裏腹に当事者には不安を感じるケアになってしまった事実を受け止めなければならないこと」。二つ目は「当事者の障害（病識）の認識、理解についてアセスメントを行なわずにケアしてしまった結果、不適切なケアが実践されてしまった」という方程式が成り立つかなと。「不適切なケア」が今日のポイントの言葉になります。

特に脊髄損傷の場合は中途障害になります。ある日、突然、何らかの理由で脊髄を損傷し、障害を負うのです。脊髄損傷者の受傷原因の中でびっくりした事例を一つ紹介します。

その方は一二月三一日、家の掃除をしてとても疲れて、「明日は一月一日やからゆっくり寝よう」と思って床に着きました。迎えた新年、奥さんに起こされて「もうちょっと寝たいな」と寝返りを打とうと思って首を逆向きにしただけで脊髄損傷になり、麻痺が生じてしまった方です。五〇代後半であと少しで定年退職を迎える時で、歩くことへのこだわりが最後まであり、なかなかリハビリが進まない方でした。

他に、一〇代後半に交通事故で受傷された方は、沖縄の出身で、故郷を離れてリハビリさせることは両親として勇気がいったということでしたが、リハビリをして今は単身で生活されています。週三回、自力で車に乗ってパソコンの仕事に従事されています。きちんと給料をいただいている。

支援者だけではなく当事者自身にも病識や障害の理解を進めていく必要があると同時に、「順番を経ないと、いきなりは難しい」ということを私たちは理解しなければいけないのではないかと思います。

二〇一九年四月、人権教育研究センターの新入生歓迎の冊子に、今回のケース1の「わがままという言葉の使い方」について書かせていただきました。担当の方から、「島﨑さん、今回の利用者さんは、わがままだからソーシャルワーカーから言ってもらわないと困る」と朝の申し送りの時に言われました。「わがままだから困る」というのは「誰が、わがままと決めているの?」と思った表現です。

利用者さんによくよく聞くと、夜七時半に寝ていたら、いきなり介護と看護の人がきて布団をめくられて、「下の服を脱ぎますね」と何の説明もなく脱がされた。「なんで私は下着を脱がされないといけないのか」。納得できないから「嫌です」と言ったら「そういう決まりになっていますから決まりを守ってください」としか返答されず、説明を受けなかったと。看護と介護の職員が流れ作業で「これくらいわかっているよね」というつもりでやったのかと、そのやり取りの場面を想像しました。

看護と介護の職員に話を聞くと「センターはそういう決まりになっていますし、皆そうしているから、それが悪いとは思わない」という発言で、「自分たちがしていることは相手を傷つけている」という認識に至っていなかったのが、私の中ではショックな場面でもありました。

新入者の場合、期待して入所してきますが、いろんな思いがある。きちんと説明をして相手に納得してもらった上でケアに移さず、最初のケアで踏み外してしまうと、信頼関係を構築できない。残念ながら、このケース1の利用者は最後まで看護と介護の職員の言うことを信用しませんでした。「どうせ介護と看護の人は流れ作業のように私のことを見ているだろう」と。

「ズボンと下着を脱がされて、夜、寝かされたことが、あまりにもショックだった」と、今でもこの方はおっしゃっています。女性の五〇代前半の利用者さんでしたが、知的能力の高い方で、有名なホテルに管理職として勤務されていた方です。良識が欠落されているわけでも認識がないわけでもなく、「説明を受けていなかっただけ」なんですよね。説明するときちんと理解される。きちんと説明されれば納得できる方だけど、流れ作業のように「はい、センターでは夜はズボンと下着は脱いで寝てもらいます」と。ケア自体、どうなのかと考える一つのきっかけになった事例です。

センターではその後、そういう利用者たちも夜、下着をつけてズボンを履いて寝ていただくように、この事例から変えていきました。利用者さんは夜の介護が虚しかった。運動麻痺がある、「手」と「足」はついているが、感覚がない。「手」を触られていても感覚がない。「足」を自分で曲げ伸ばしすることができない。介護と看護の人に自分の体を委ねないと生活できない状態の方に、「下着とズボンを脱いで寝る」ということが、どれだけ辛い思いをさせてしまったのか、私自身も反省しなければいけないことだなと思います。

●不適切なケア

もう一人、私が担当したなかで一番重度の障害がある方を紹介します。

ある病院で、頸髄損傷の知識がない方が看護ケアをしていて、夜、寝る時、腕が曲がった状態で布団をかけられてしまい、一晩で布団の重みで固まってしまった。右手が肩についた状態で入所され、「手を膝の上に伸ばしてほしい」というリハビリを希望されて入所されました。

一度固まってしまった関節は可動域が狭くなり動きません。ご本人とご家族にも説明して、一見すると身体拘束のような、無理に腕を膝の上に乗せてぐるぐる巻きにした状態で約半年間、生活していただきました。そうすると、縛れば何とか膝の上に手が伸びるようになり、ご本人はそれだけでも満足されました。もうちょっとできることが増えるのではないかと、「チンコントロール、顎で操作する電動の大きな車椅子の操作を習得したい」と新たな目標ができました。最初の「手を伸ばしたい」という目標から、「自分で車椅子の操作をして社会に出ていきたい」へと変化しました。

チンコントロールの車椅子は座った状態で顎を使って操作します。その場合、真下が見える状態でないことと、距離感を掴むことが難しいことも操作の特徴として挙げられます。顎を使って操作しますから、思うような操作ができず、結果、三台ほどチンコントロールの車椅子を故障されました。ご自身では止めているつもりが進んでしまって、センターの壁に「ボン」とぶつかることの連続でした。チンコントロール車椅子は自動車くらいの重さがあるので破損しやすい。ＰＴの人が「島崎さん、これだったら人を外で撥ねてしまう可能性がある。センターの中で練習してもらってから外に出てもらおう」と、九カ月の予定を延長して、一年半かけて練習して、今では自分でチンコントロールの車椅子を操作して自由に外に行けるようになりました。

ここで私たちが理解しないといけないことは、利用者にきちんと伝えないといけないことを線引きして支援にあたらないと、結果的に「不適切なケア」を生んでしまうのではないかということです。利用者の目標に対して、様々な専門職が役割を担ってリハビリテーションは進められていきます。目指す目標に向かって利用者は必至に訓練を行います。一見、身体拘束のように見られることでも、本人と家族が納得したうえでのケアであれば、リハビリの効果が出やすいのではないでしょうか。ケアの中で「今、するべきこと」と「今後、やっていくこと」をきちんと利用者に説明することで、利用者がリハビリに集中できる環境がつくられると思います。

●虐待の発生のメカニズム

ケアには、「適切なケア」というベースのケアがあります。一般的にはこのケアが継続することが望まれるケアです。しかし、何らかの理由で「不適切なケア」が発生したり、虐待の一歩手前の「グレーゾーンケア」が発生します。最後は、「グレーゾーン」から確実に「虐待」が生まれてしまう、こういうメカニズムが介護の現場で発生しています。

日頃、介護する人、支援する人が普通のケアをしているときには「適切なケア」となりますが、ケアするのは人間ですから、その日の気分や情緒でイライラが高まると、「ちょっと待ってね」「今すぐできません、またあとで」となる。特に認知症高齢者の場合、「トイレにつれていって」という言葉に「さっき、いきましたよ。○○さん」と強い口調になるとか、「なんで口を開けてくれないんですか、早くご飯を食べて」と無理にスプーンを口元にもっていって、口の中が切れるくらいにスプーンを入れて、余計にむせてしまうといったことが日常的に起こっているのも、現実的な話だと思います。

介護実習に行ったほとんどの学生が、実習の報告で「食事介護の現場が辛かった」と言います。「あんな大きいスプーンで口の中に山盛り食事を入れられたら、口を空けたくなくなる。もうちょっと小さいスプーンで、こまめに入れてあげれば、もっとおいしく食べられるのではないか」という言葉をよく聞きます。現実には介護職員は忙しい。時間に追われる、下膳の時間が決まっている。時間を守らないと厨房から怒られる、という組織の中の問題かもしれませんが、利用者が食べたい時間に食べられるのではなく、決められたルールを守らないと、「だめな人」とか「できの悪い職員」という認識が根強く残っている。「個別ケア」といいながら、その人にあった食事の時間、配分が行なえていないのが現実的な話かなと感じます。

●高齢者虐待の現状

厚生労働省の二〇一六年度と二〇一七年度の「虐待数」のデータを紹介いたします（表1）。

二〇一六年度に「施設での虐待」と判断された数は四五二件。二〇一七年度に「施設での虐待」と判断されたのは五一〇件で一二・八％増加。「相談と通報の件数」は二〇一六年度が一七二三件で、二〇一七年が一八九八件。これも一〇・二％、一七五件増えています。家族や親族等の養護者による虐待と判断されたものも明らかに件数の差があります。二〇一六年度は一六三八四件、二〇一七年度は一七〇七八件で六九四件増えている。「相談と通報」の件数は二〇一六年度二七九四〇件、二〇一七年度三〇〇四〇件。二一〇〇件増えて増加率は七・五%です。二〇一六年から一七年になると、対象となる高齢者も増加しますので、これだけの人が「虐待」を受けている事実がある。その中で生活している事実を受け止めなければならない。二〇一七年度は特に施設でも五一〇件あるという悲惨な状況ですが、在宅で生活している人で一七〇七八件が「虐待」と判断されているわけです。それだけ地域での生活は「虐待」が発生しやすく、また、虐待が発生していることは隣近所でよくありうることだと認識していただければと思います。

次に、養護者による虐待、つまり在宅生活の高齢者の虐待と通報の、二〇〇六年から一二年間の推移のデータをまとめたものです(図1)。「相談と通報」の件数が多いことが事実としていえます。二〇一七年は「虐待」と判断された件数が一七〇七八件。二〇〇六年は一二五六九件でした。つまり、一〇年間で五〇〇〇件

表1　高齢者虐待の虐待判断件数、相談・通報件数（平成28年度対比）
「平成29年度「高齢者虐待の防止、高齢者の養護者に対する支援等に関する法律」に基づく対応状況等に関する調査結果」（厚労省）

	養介護施設従事者などによるもの（＊1）		養護者によるもの（＊2）	
	虐待判断件数	相談・通報件数	虐待判断件数	相談・通報件数
2017年度	510件	1,898件	17,078件	30,040件
2016年度	452件	1,723件	16,384件	27,940件
増減数（増減率）	58件（12.8%）	175件（10.2%）	694件（4.2%）	2,100件（7.5%）

＊1. 介護老人福祉施設など養介護施設職員、または居宅サービス事業など、養介護事業の業務に従事する者（ヘルパーなど）
＊2. 高齢者の世話をしている家族、親族、同居人など

増えている。

次に、どのような虐待を受けているのか、虐待の種類についてのデータをまとめたものです（図2）。「身体的」な虐待、「ネグレクト」（介護放棄）、「心理的」な虐待、「性的」な虐待、「経済的」な虐待。最も多いのは六六・六％の「身体的虐待」。その次が「心理的虐待」で、「ネグレクト」と「経済的虐待」はそう変わらない状態で、「性的虐待」は少ない。

近年、高齢者の場合「経済的な虐待」が増えている傾向が指摘されています。ニュースでもありましたが、特別養護老人ホームのような施設ではなく、グループホームに入所する時に預貯金を施設で預かるといって、「貯金通帳等の預かりサービスをします」と貯金通帳と印鑑を入所の時に渡す。一か月の利用料とは別に施設に毎月、一〇万とか一五万の寄付を勝手にして、そのお金をプールしていたことが「経済的虐待」だということで通報されました。そういう虐待が近年、増えています。

最も多い「身体的虐待」については、私が就職して直面した最初の虐待の事例なので今も印象に残っているものです。のちほど

図1　養護者による高齢者虐待の相談・通報件数と虐待判断件数の推移

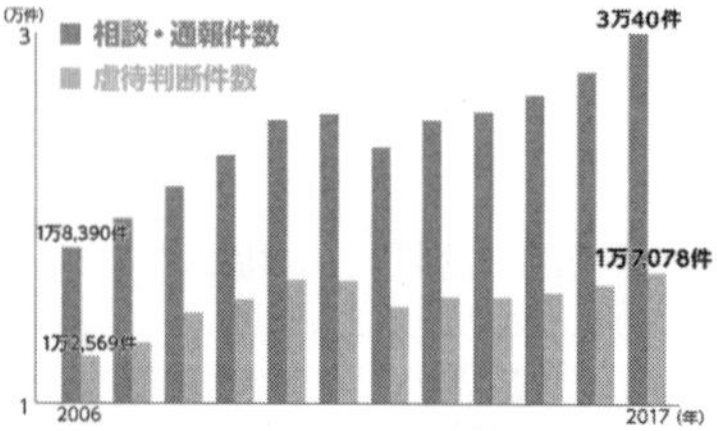

「平成29年度「高齢者虐待の防止、高齢者の養護者に対する支援等に関する法律」に基づく対応状況等に関する調査結果」（厚労省）

図2　養護者による高齢者虐待の種別の割合

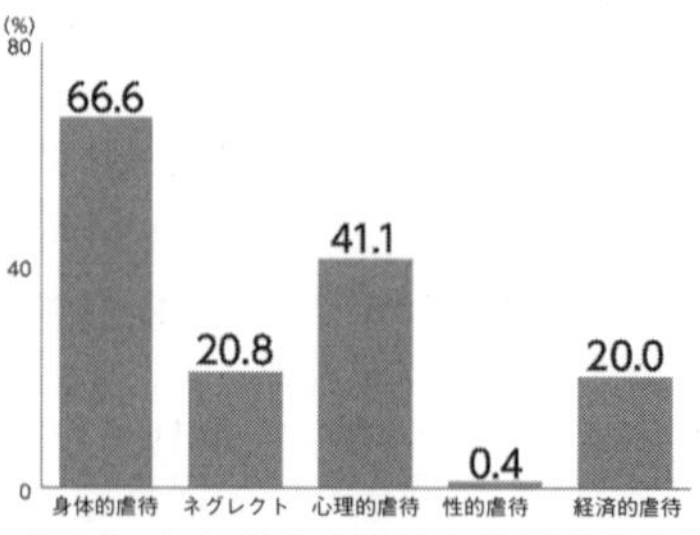

「平成28年度老人保健事業推進費等補助金（老人保健健康増進等事業）報告書」（厚労省）

「ケース2」でご紹介します。

　在宅で生活していて虐待を受けている高齢者の約八割が何らかの形で認知症がある。「痛い、辛い」という言葉が出せなくて、誰に言っていいのか判断がつかないのが現実です。「被虐待者から見た虐待者の続柄」を見ると、圧倒的に男性が虐待している率が高く、六割を超えています（図3）。「続柄」は「息子」四〇・五％。「夫」二一・五％。「娘」一七・〇％。「嫁」「妻」は％が低く、五・八％とか四％。嫁、姑問題で厭味を言われても、そこまで虐待をしていない。一番虐待をしているのは実の息子。息子については後で掘り下げて考えていきたいと思います。

図3　被虐待者からみた虐待者の続柄

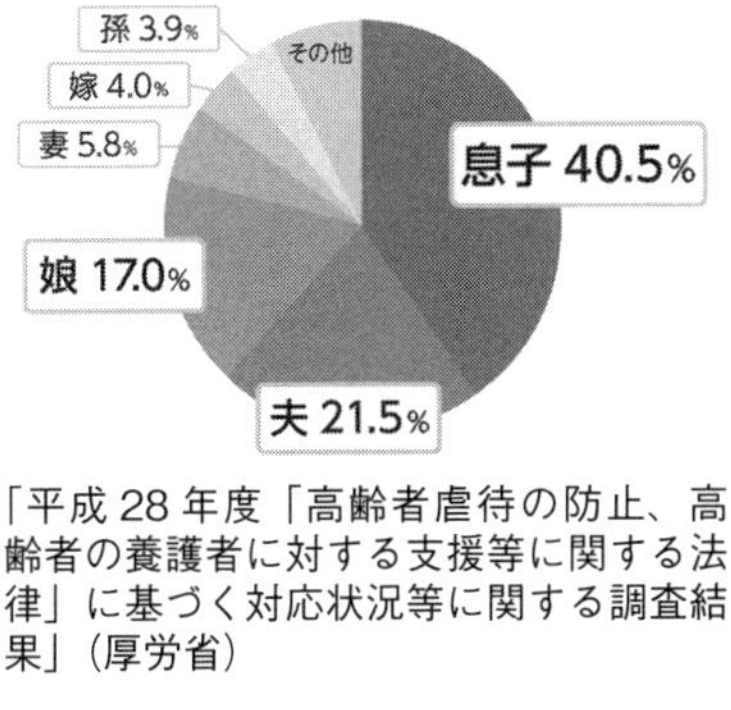

「平成28年度「高齢者虐待の防止、高齢者の養護者に対する支援等に関する法律」に基づく対応状況等に関する調査結果」（厚労省）

●ケース2

　私が就職して初めて対応した虐待事例です。職場は複合施設で養護老人ホームと特別養護老人ホームとデイサービスがあり、在宅サービスも並行してヘルパーステーション、訪問看護ステーションも居宅サービスの担当の部署もありました。

　被虐待者は九〇歳の女性。要介護四。認知症対応型の通所介護を利用されていました。この方のある日の入浴介護の場面です。入浴介護は同性介護が原則で、女性の職員が入浴介護を担当していました。私はフロアで他の利用者の対応をしていました。

利用者が服を脱ぎたがらなかったことで時間がかかっていて、どうしようかという話をしていた。無理に脱がすと背中に複数の傷があった。軽度の火傷が目視できた。「虐待の可能性がある」ということで、すぐケアマネジャー、介護支援専門員とデイにいる看護師と生活相談員の私で皮膚状態を観察。背部に複数の傷。生々しい傷で時間がたっているわけではないことがわかる。火傷の跡は確実にタバコの丸い跡でポツポツついていた。

利用者に声かけをしても、どこを触っても「痛くない、大丈夫、ようわからへんな。最近、よく転ぶねん。息子は関係ないよ。息子は優しい自慢の子」と、息子さんの話は一切していないんですが、「息子は関係ない」と最初からお話なさっていた。ここでいくら話してもしょうがないのでお風呂に入っていただき、その間に施設としての対応を検討することにした。

介護支援専門員から施設長に状況報告の後、施設長から市役所に虐待事例の報告がされた。介護支援専門員を中心に、当日、カンファレンスを開き、支援について協議しました。結果、併設の複合施設の特別養護老人ホームへの措置入所を市役所に依頼し、緊急性が高いということで即日、処置が決定されました。措置入所というのは市役所がどこの施設に入りなさいと決める入所方法のことです。今の時代は措置入所ではなく利用契約なので、契約書がないと施設を利用することはできないのですが、虐待の場合は市役所が措置入所を決定することができます。

●具体的な対応方法

まずは家族、息子に聞き取りを行うこととなりました。デイサービスのスタッフを中心に息子と話す場を設けました。息子は虐待の事実を泣きながら認めました。息子さんのいった言葉で忘れられないのですが、「元気だった母が弱っていく姿を毎日見ることがこんなに辛いとは思わなかった。これから介護していく自信はない。どうしたらいいかわからない」と。

どういう家族構成か。夫は一〇年前に亡くなり、母親は現在、九〇歳。息子は六〇歳を超えて定年退職した後、結婚されていなかったので、自宅でお母さんの面倒をみていた。料理や洗濯が難しいので毎日デイにいくことで、息子も日中、自由な時間があり、ケアプランのもと、毎日通所でデイサービスを利用されていました。

介護支援専門員は一カ月のケアプランを立案し、ご本人と家族に説明にいく機会が月一回あります。その時、息子さんの「思い」、「本音」を聞き取ること、悩んでいたことを聞き取ることができていなかったのです。息子さんがケアマネジャーに「最近、しんどいんです、どうしたらいいかわかりません」と、なぜ、言えなかったのかという疑問が出ると思います。実は長くお母さんにかかわっていたケアマネジャーが退職し、四月から新しい方に代わり、関係性がうまくいかなかったようです。息子は前のケアマネジャーに「母が弱っていく姿を見るのが辛い」と何度かお手紙されていたそうですが、引き継ぎがうまくいってなくて、ケアマネジャーも「もっと話を聞けばよかった」

と泣きながらカンファレンスの場面で言われていました。

息子の思いとしては「気軽に相談できる人、場所がない。家から出て、何かすることもないし、お母さんが、いつデイから帰ってくるかわからない」と。息子さんが繰り返して言われたのは、「老いていく母親を見る余裕が、自分にはない」。虐待をしている続柄で息子が多い、夫が多いという一つのヒントがここにあるように感じます。息子の心情として「自分を生み育ててくれた母親が老いていく姿を毎日見ることに辛いものがあるのかな」と、この事例は印象に残っています。

デイの職員が何度か面接して息子さんの本音を聞き出し、ケアマネジャーが今後のことを考えていく中で、息子さんは、「自分は今まで工場の仕事で介護の仕事や人とかかわる仕事はわからない。家に帰ってきたら母がご飯をつくっていてあたりまえ、今は自分が準備して洗濯して掃除して、うんこを失敗する、おしっこを失敗すると座布団が汚れる。座布団をどう洗っていいかわからないんです」「そうですよね。お母さんに聞いてみたらどうですか?」「聞こうと思ってもお母さんが、ちゃんとしゃべってくれないとわかるから先にバンと手が出てしまう」と、自分がしてしまったことをおっしゃっていました。

「どうしてそういうことをしたのか」を聞き出さないといけないんでしょうが、息子さんにしたら、自分がしてしまったことで警察に捕まるような勢いで、すごく反省して、「迷惑をかけて申し訳ない。自分を産んでくれた母親を大切にしたい」という思いがあるんです。「どうしていいかわからないんです」と繰り返しおっしゃっていました。

●ケース2のまとめ

「ケース2」のまとめ。「在宅介護者、養護者の気持ちを、いつ、どこで、誰が聞き出し、解決に向けて支援するか」を担当者会議で役割分担しました。新しく変わったケアマネジャーが主導することでまとめることはできたのですが、利用者と支援者との調整に信頼関係がなかったので、どのようにやっていくか、役割分担を主に考えました。デイサービスの場合、家族に自宅での状況を記載してもらう連絡ノートをつくっていましたが、その活用方法を見直しました。家族の不安や困りごとを素直に記載してもらえるように用紙の工夫を図りました。みんながみんな、不安や困りごとをすぐ書けたら楽ですが、そうではないのが現実です。

他の例ですが、家族の人が毎日のように「昨日も三回、夜中に起こされて私の睡眠時間はどうなるのか」という素直な言葉をコメント欄に書かれていて、それをまとめてケアマネジャーに「こういうふうにご家族からコメントがありましたよ」と、見せました。ケアマネジャーには家族は伝え難いようで、「へんな家族と思われたくない。仲悪い家族と思われたくない」ということがあるようで、素直にケアマネジャーには言いにくかったように感じました。

別の家族からは、ノートに書く欄があるから「書いてしまいました」という言葉を聞いたこともありました。最初の頃はご家族にデイの職員が電話をして、「こういうコメントがありましたが、疲れておられませんか?」と、やりとりをしていましたが、電話でやりとりするより、ノートに「また状況を教えてください。困っていたら、いつでもここに書いてください」と一言書いてくれた方がうれしいという言葉をいただき、なるべくたくさんの職員でコメントを書くようにしたところ、家の様子や困っていることが、たくさん出てきたことがありました。

既存のやりとりの仕方でも、ひと工夫することで素直に言いたいことが言えたり、困っていることが吐き出せたり、振り返るとことができると思います。このやり方が他の利用者、家族に合うかどうかは一概に言えませんが、言える場所、聞く場を確保することは、在宅で介護している介護者からすると、気持ちが、楽になるのではないかなと少し思いました。

話を事例に戻し、どういう経過をたどったかをお伝えします。

特別養護老人ホームに措置入所させて、息子さんとデイの職員でやりとりをしていく。介護について不安があり、どうしていいかわからないという息子さんは、入所している母親のもとに面会に行き、積極的に母親の介護を手伝うようになりました。息子さんは施設の職員に介護方法を教えてもらって安心できる。この後息子さんは、昔のヘルパー二級、現在の制度では初任者研修を受けられて、「今後、自分が責任をもって母親を見送りたい」と気持ちが変わった。市役所とも相談して、措置入所期間後も毎日通所に切り換えて、日中母親はデイで、息子さんは自由な時間を確保する方法をとりました。結果として母親も息子も落ち着きを取り戻されました。

認知症高齢者のケア、支援に携わる人は理解されると思いますが、特に家族が不安な気持ちであったりイライラしていたりすると、認知症の高齢者もそれ以上に気持ちが動揺して落ち着かない。余計に何かそわそわして、夜、起きて、ごそごそしてしまう。家族は「大丈夫か?」と、一言いいたいが、言葉が出てこなくて「どうしよう」と落ち込んでしまうという事例がたくさんありました。ある重度の認知症の人で、職員の声かけに全くといっていいほど反応しない方がいて、ご飯も食べない。こちらの声かけに反応がなく、トイレにいっても動かないので、ベッドに寝ていただいて定時でおむつを交換する排泄介護をしていました。その方が家に帰ると、娘さんが「お母さん、私、力がないから、しっかり踏ん張って立ってね」というと「よいしょ」と自分で立てるんですね。家族の声は、認知症の高齢者にとって待っている一言であり、「その声を聞きたい」と思っている。私たちがどれだけ声をかけて丁寧にしても拒否をする有名なおばあさんで、何をしてもすぐ手が出て、足が出る人でしたが、「お母さん、私、力がないから」というとすぐ立った。データでは年々、「在宅介護の虐待」が増えているのが現実ですが、家族の愛情、家族のつながりが、とても大切だと思った事例でした。

在宅介護とは、先が見えず、想像をはるかに超えるストレスを抱えてしまうものです。虐待の発生は、このストレスや不安が要因といわれています。この先どうなるか、「いつまでこの生活が続くのか」「介護する自分もしんどい」「自分の時間がなくなる」という不安をいかに軽減できるか。介護する側の負担を軽減する支援のあり方を模索することが、専門職として求められるのではないでしょうか。専門用語でいうところの「レスパイトケア」です。

今の時代、地域包括支援センターなどの相談できる場所が中学校区に一つできています。ただし、高齢者に限るものであり、障害者でも障害児は相談の窓口がない。「介護」という言葉は高齢者というイメージが強いですが、先天性障害で生まれてきた子どもも医療や介護が必要で、需要は「〇」ではないのです。地域包括の包括という部分が介護＝高齢者と、高齢者が優先になってしまっているのではないか。国には考えていただきたいと思っています。

●まとめ

一点目として、虐待という「不適切なケア」「グレーゾーンのケア」は、日々のケアの延長上に発生します。何げないケアの中で実は相手を傷つけるとか、相手のことを思ってやっていることでも、相手からするととても辛い、冷たい言葉を発してしまっているかもしれない。ケアというのは何か身体的な、直接的なものではない。言葉かけも、もっと大切に一言を吟味しないといけないのではないでしょうか。

二点目は、専門職が「当たり前」と認識していることは知識であるということです。専門職が疾患や障害の特性を勉強して理解しているのは当たり前です。その「当たり前」に利用者とのずれがあることを私たちは理解し、利用者にわかる説明と利用者の声を聞く態度が求められるのではないか。

昔はインフォームド・コンセント、「説明と同意」という言葉が医学の世界で注目されていましたが、今は「同意」だけではなく「納得した上での同意」、納得という言葉がプラスされています。「納得」が難しいのは何か。生まれつき知的障害がある認知症高齢者の場合、「納得する」という行為自体に難しさがある。「専門職がいった通りにやればいいんだ」と流れ作業になると、「不快な介護」「不快なケア」「不適切なケア」になる。利用者の声を聞くということは、口から発する声だけではなく、表情や態度から察することも「聞く」という手段になるのではないか。

三点目は、地域の中で困りごとを気軽に相談できる場所や人の存在があると、在宅介護者の心の支えになるのではないか。気軽に相談できる場所や人の存在は、今、とても薄くなっています。マンションに住む人は隣の人のお名前をいえますか。隣の人の家族構成がわかっていますか。昔は困ったことがあったら隣近所で助け合う、地域の生活が当たり前だったのが、都市化してくるとともに、プライバシー、プライベートという「個」が出てくる。気軽に相談できる場所や人の存在を見つけにくいといわれています。

重度の身体障害の頸髄損傷者は気軽に相談できる場所や人の存在がなかなかないと、ずっといわれてきました。脊髄損傷という疾患を理解してくれる人が少ない。自分のことをきちっと説明しても「いやいや、車椅子に座れるんでしょう?」と思われる。車椅子に座るだけでも訓練の時間がかかる。車椅子を漕ぐようになるだけでも三カ月くらいかかります。車椅子からベッド、ベッドから車椅子への乗り移りができるようになるには九カ月はかかります。車椅子に座った状態での膝、足あげの動作が一番難しい。手は運動マヒがあるので握力ゼロ、全く力が入らない状態で自分の足を持ち上げる。「それだけ一生懸命リハビリをしているのに、なんでわかってくれないのか」というのが、医療従事者に対して、地域の中でよく言われる言葉です。

身体に麻痺があるのでポンポンと触れても気付かない。お尻に傷ができていても痛いと感じない。傷ができて看護師やヘルパーが見て初めてわかる。「自分で予防しないと褥瘡がどんどん悪くなるでしょう」と平気で言われる。「自分ではわからない、痛みを感じない」と言っても理解してくれない。「そういう時、どうしたらいいか困る」という脊髄損傷者からの相談が後を絶たないのも現実です。今日、脊髄損傷についてのＤＶＤを見ていただいたのは、みなさんにちょっとでも脊髄損傷者の現実を知っていただきたいと思ったからです。

お話しした二事例について、「どういうケアの仕方がよかったか」より、「支援者、地域で生活している人をどう支えていくか」を考える一つのきっかけになればと思って発表させていただきました。ご静聴ありがとうございました。

（花園大学人権教育研究会第110回例会・二〇一九年十二月十日）

「私」から始める支援の実践
——公共福祉の隙間を埋める

花園大学人権論集㉗

二〇二〇年三月二〇日　初版第一刷発行

編者●花園大学人権教育研究センター
〒・六〇四－八四五六
京都市中京区西の京壺の内町八－一
Tel・〇七五－八一一－五一八一
E-mail・jinken@hanazono.ac.jp

発行●批評社
〒・一一三－〇〇三三
東京都文京区本郷一－二八－三六　鳳明ビル
Tel・〇三－三八一三－六三四四
Fax・〇三－三八一三－八九九〇
振替・〇〇一八〇－二－八四三六三
E-mail・book@hihyosya.co.jp
http://hihyosya.co.jp

印刷
製本●モリモト印刷株式会社

●執筆者紹介

玉城ちはる——シンガーソングライター・ホストマザー
大阪府立松原高等学校のみなさん
松原　洋子——立命館大学大学院先端総合学術研究科・教授
三品　桂子——花園大学社会福祉学部教授＝精神科リハビリテーション学
藤井　　渉——花園大学社会福祉学部准教授＝障害者問題・障害者福祉
菅　　修一——花園大学文学部准教授＝図書館情報学・教科書史
島﨑　将臣——花園大学社会福祉学部専任講師＝介護福祉学・社会福祉学

ISBN978-4-8265-0714-1 C3036 ¥1800E　Printed in Japan

16　マフィア資本主義の呪縛——反差別・反貧困セーフティネットの構築を！　【執筆】岩城あすか、湯浅誠、徳永瑞子、吉永純、脇中洋、丸山顕徳、八木晃介

17　民主主義の倒錯——反差別・反グローバリズムの論理
【執筆】冨田貴史、青木美憲、森敏治、小波津正光、愼英弘、藤井渉、林信明、八木晃介

18　変容する他者と潜在化する社会病理——仕事・貧困・自殺問題のゆくえ　【執筆】浅井健、袴田俊英、袖山卓也、中尾良信、安田三江子、津崎哲郎、吉永純

19　メディアが伝えた原発事故と犯罪　【執筆】樋口健二、川野眞治、守田敏也、河野義行、ヘリパッドいらない住民の会メンバー、湯浅洋

20　人権と偏見のコンフリクト——寛容な社会のために
【執筆】小林敏昭、池田克之、植村要、吉田叡禮、中尾良信、太田恭治、森本泰弘

21　弱者に寄り添う——災害と被災者支援の実践から　【執筆】川久保尭弘、阿部泰宏、西岡秀爾、丹治光浩、根本治子、藤井渉

22「他者」との共生——カウンターカルチャーの構築に向けて
【執筆】金田諦應、中嶌哲演、知花一昌、吉永純、春名苗、津崎哲郎、八木晃介

23　支援のための制度と法のあり方とは——バックアップ社会へ
【執筆】中北龍太郎、後藤貞人、後藤至功、浅子逸男、梅木真寿郎、室津龍之介、保田恵莉

24　孤立社会からの脱出——始めの一歩を踏み出すために
【執筆】鬼丸昌也、朝霧裕、阪口青葉、川並利治、脇中洋、丸山顕徳、島崎義孝

25　広がる隣人との距離——制度の狭間で見えなくなる困窮
【執筆】生田武志、鹿島啓一、鍋島直樹、川島ゆり子、中尾良信、八木晃介、山口真希

26「社会を作る人」を作る——だれもが生まれてよかったと思える社会に　【執筆】白井聡、内藤れん、小林敏昭、吉永純、中善則、和田一郎、西岡秀爾

花園大学人権論集＊既刊

Vol.6 ～ 9：花園大学人権教育研究室［編］、Vol.10 ～：花園大学人権教育研究センター［編］／各巻四六版並製／本体価格 1800 円＋税

6 マイノリティの社会論 【執筆】蒔田直子、皇甫任、阿部知子、山下明子、金英達、松崎喜良、田中英三、愼英弘

7 カオスの中の社会学 【執筆】免田栄、小野和子、福島智、中尾良信、浅子逸男、八木晃介、島崎義孝

8 虐げられた人びとの復権 【執筆】井桁碧、笑福亭伯鶴、近藤美津枝、愼英弘、浜田寿美男、林信明、吉田智弥

9 記号化する差別意識と排除の論理 【執筆】石川一雄、中山武敏、上野光歩、中尾貫、阿南重幸、高實康稔、岡田まり、山田邦和、森本泰弘、八木晃介

10〈差別〉という名の暴力——果てしなきホープレス社会の病理
【執筆】灰谷健次郎、浦島悦子、若林義夫、林力、戒能民江、沖本克己、愼英弘、堀江有里、山崎イチ子、八木晃介

11 棄民のナショナリズム——抵抗の流儀を学ぶために
【執筆】石原昌家、知花昌一、宮淑子、津崎哲郎、愼英弘、三品桂子、市原美恵、渡邊恵美子、安田三江子、丸山顕徳、八木晃介

12 周縁世界の豊穣と再生——沖縄の経験から、日常の意識化へ向けて 【執筆】石原昌家、浦島悦子、福島輝一、本田哲郎、牟田和恵、中村武生、吉田智弥、西村惠信

13 ニッポンってなんやねん？——響きあう周縁文化と私
【執筆】石原昌家、浦島悦子、仲里効、趙博、津崎哲郎、中尾良信、堀江有里、八木晃介

14 敗北の意味論——情況から、そして情況の変革へ向けて
【執筆】上杉聡、牧口一二、石原昌家、謝花悦子、浦島悦子、脇中洋、八木晃介、林信明、小田川華子

15 個の自立と他者への眼差し——時代の風を読み込もう
【執筆】浦本誉至史、山口研一郎、竹下義樹、中尾良信、吉永純、広瀬浩二郎、山田邦和